Siegmund Günther

Johannes Kepler und der Tellurisch-Kosmische Magnetismus

Siegmund Günther

Johannes Kepler und der Tellurisch-Kosmische Magnetismus

ISBN/EAN: 9783744606295

Hergestellt in Europa, USA, Kanada, Australien, Japan

Cover: Foto ©ninafisch / pixelio.de

Weitere Bücher finden Sie auf **www.hansebooks.com**

JOHANNES KEPLER

und der

TELLURISCH-KOSMISCHE

MAGNETISMUS

von

DR. SIEGMUND GÜNTHER

Professor der Erdkunde an der königlichen technischen Hochschule
zu München.

Mit 19 Abbildungen im Texte.

GEOGRAPHISCHE ABHANDLUNGEN

HERAUSGEGEBEN VON

PROF. DR. ALBRECHT PENCK IN WIEN.

BAND III. – HEFT 2.

WIEN UND OLMÜTZ

EDUARD HÖLZEL

1888.

VORWORT.

Studien anderer Art hatten den Verfasser schon vor längerer Zeit dazu veranlasst, sich gründlich mit den Werken Keplers, deren Tiefe und Vielseitigkeit trotz einer Reihe hervorragender Publicationen über einzelne Fragen noch immer nicht nach vollem Verdienste gewürdigt ist, zu beschäftigen. Insbesondere die Bedeutung des unvergleichlichen Mannes für die wissenschaftliche Erdkunde war bis vor Kurzem noch wenig erschlossen. Einen werthvollen Beitrag zur Einlösung dieser Ehrenschuld verdanken wir einem Ausländer, Herrn Major Henri Brocard in Grenoble, dessen »Essai sur la météorologie de Kepler« (Grenoble 1879 und 1881) die Gelegenheitsaussprüche des Helden über atmosphärologische Dinge mit großer Sorgfalt sammelt und sichtet. Für einen anderen Theil der Erdphysik soll die nachfolgende Abhandlung ein gleiches zu leisten versuchen.

München, im April 1888.

S. Günther.

INHALT.

	Seite
I. **Abschnitt**: Die Lehre vom Erdmagnetismus in der Zeit vor Kepler . .	1 (245)
II. **Abschnitt**: Kepler's Studien über die erdmagnetischen Elemente und über die Lage der Magnetpole	19 (263)
III. **Abschnitt**: Kepler's Theorie der magnetischen Planeten-Achsen und der allgemeinen Anziehung	44 (288)
Namen-Index	70 (314)

ERSTER ABSCHNITT.

Die Lehre vom Erdmagnetismus in der Zeit vor Kepler.

Das Wissen des Alterthums vom Magneten war bekanntlich ein äußerst beschränktes; zudem war einzig und allein die **Anziehungskraft**, nicht aber auch die **polare Richtkraft** des Magneteisensteines den antiken Physikern zum Bewusstsein gekommen, und so konnte auch nicht einmal von einem ersten Versuche, die magnetischen Eigenschaften des Erdkörpers zum Gegenstande der Forschung zu machen, die Rede sein. Alles, was sich über die ungenügenden Kenntnisse der Griechen und Römer aussagen lässt, findet man vereinigt in den Monographien von Henri Martin[1]) und Palm,[2]) sowie in der zusammenfassenden Schrift v. Urbanitzky's.[3]) Die Ansichten einzelner Philosophen, zumal des Lucretius, sind ganz sinnreich,[4]) allein die empirische Grundlage, von welcher man ausgieng, war eine allzu unvollkommene, und so ungerecht es wäre,[5]) der Antike jeden Sinn für Beobachtung und Anstellung von Versuchen abzusprechen, so ist doch soviel richtig, dass auf dem uns hier beschäftigenden Gebiete jener Sinn sich so gut wie gar nicht bethätigte.

Es kann heute keinem Zweifel mehr unterliegen, dass der Orient in der Erkenntnis einer fundamentalen Eigenschaft dem Westen bedeutend voraus gewesen ist. Die eindringenden Untersuchungen eines Orientalisten ersten Ranges, J. Klaproth's,[6]) haben uns hierüber in willkommenster Weise aufgeklärt. Weitaus die ältesten Nachrichten über den Magnet-

---

[1]) H. Martin, Observations et théories des anciens sur les attractions et les répulsions magnétiques et sur les attractions électriques, Rom 1865.
[2]) Palm, Der Magnetismus im Alterthum, Stuttgart 1865.
[3]) v. Urbanitzky, Elektricität und Magnetismus im Alterthum, Wien-Pest-Leipzig 1887.
[4]) Ibid. S. 11 ff. Hier findet man eine deutsche Uebersetzung der am meisten in Betracht kommenden Verse aus des Lucretius Carus Lehrgedichte »De rerum natura« (lib. VI). Wir begegnen hier auch zuerst der Angabe, dass die magnetische Kraft durch nicht magnetische und nicht magnetisierbare Körper hindurch auf Eisenstücke wirke.
[5]) Eine Widerlegung dieser so oft verlautbarten Ansicht versucht der Verf. Vortrag »Beobachtung und Experiment im Alterthum«, abgedruckt in den Jahrgängen 1887 der Zeitschrift des Münchener polytechnischen Vereines, sowie der »Gaea« und der »Centralzeitung für Optik und Mechanik«.
[6]) Jules Klaproth, Lettre à Mr. le Baron Al. de Humboldt sur l'invention de la boussole, Paris 1834. Von dieser ausgezeichneten Schrift hat unlängst Armin Wittstein eine deutsche Ausgabe (Leipzig 1885) veranstaltet, in welcher einzelne

eisenstein (Fes Ot), über dessen Anziehung und polares Verhalten, findet man bei den Chinesen, welchen das betreffende Mineral als »liebender Stein« (thsil-schy) bekannt ist. Um 727 n. Chr. erklärt Tschhin-thsang-khi. Verfasser eines berühmten naturwissenschaftlichen Werkes, jenen Namen in folgender Weise: »Der Magnet zieht das Eisen an, wie eine zärtliche Mutter ihre Kinder um sich versammelt; aus diesem Grunde hat er seinen Namen erhalten.«[1] Vor dem eigentlichen Compasse waren die sogenannten magnetischen Wagen im Gebrauche, kleine Gestelle auf zwei Rädern mit einer menschlichen Figur, welche nach Süden zeigte; das Gestell war um einen Zapfen leicht drehbar, sodass die Nadel ihre Richtkraft wenigstens großentheils auszuüben vermochte. Sehr frühe scheinen auch die Chinesen bereits die magnetische Declination wahrgenommen zu haben, wenigstens fand E. Biot[2] in einem gegen das Ende des XI. nachchristlichen Jahrhunderts verfassten Buche die Anweisung, man solle die Nadel an einem Baumwollenfaden aufhängen, um ihre Abweichung von der wahren Südrichtung — wie so häufig weicht auch in der Bevorzugung des Südens China von der europäischen Sitte ab — ausfindig zu machen. Dies ist um so anerkennenswerther, als sich — ein Blick auf die Isogonenkarte vergewissert hierüber — die Declination innerhalb Chinas ehedem in engen Grenzen hielt und jetzt noch hält. Neben den magnetischen Wagen kannte man auch Nadeln, die auf Kork und mit dieser Unterlage auf Wasser gelegt wurden; derartige Wasserboussolen hat im XVII. Jahrhundert der holländische Schiffsarzt Eibokken in Korea getroffen, als er an der Küste dieses Landes Schiffbruch litt. Die chinesischen Ausdrücke sind, wiewohl etwas verstümmelt, auch nach Japan übergegangen;[3] in der Mandschu-Sprache heißt der Magnet »Herr des Eisens«, die Boussole »Südweiser«. Bei den Birmanen wird von einem »anziehenden«, bei den Singhalesen von einem »liebenden« Steine gesprochen; alle diese buddhistischen Völker haben ihre Kenntnis von den Chinesen überkommen. Dass in der ersten Zeit diese Kunde eine gewisse Westgrenze nicht überschritt, geht aus dem Umstande hervor, dass die Hindus zwar ein Sanskritwort für den Magneten, nicht aber ein solches für den Compass besitzen, welch' letzterer bei ihnen nur seinen englischen Namen führt.

Die engen Schifffahrts- und Handelsbeziehungen zwischen dem fernen Ostlande und dem Reiche der arabischen Khalifen sind bekannt genug;[4] ihnen hatten es die Bewohner des mohammedanischen Ostens zu danken, dass sie mit dem Geheimnisse der Magnetnadel schon ziemlich frühzeitig vertraut wurden.[5] Allerdings wussten die Araber schon

---

Partien gegen das Original gekürzt wurden, während auf der anderen Seite der Herausgeber sich bestrebte, alle neueren Arbeiten über die Boussole und deren Anwendung für eine umfassende und quellenmäßige Geschichte dieses Instrumentes zu verwerthen. Diese Absicht ist denn auch mit einer einzigen, später zu erwähnenden Ausnahme vollständig erreicht worden.

[1] Diese Notiz ist übrigens nicht die älteste bis jetzt bekannte, vielmehr geschieht der Magnetnadel schon Erwähnung im II. Jahrhundert n. Chr.

[2] Ed. Biot, Note sur la direction de l'aiguille aimantée en Chine, et sur les aurores boréales observées dans ce même pays, Compt. rend., tome XIX. S. 822 ff.

[3] Klaproth-Wittstein, S. 16 ff.

[4] Vgl. hiezu besonders Peschel-Ruge, Geschichte der Erdkunde bis auf A. v. Humboldt und C. Ritter, München 1877, S. 111 ff.; W. Goetz, die Verkehrswege im Dienste des Welthandels. Stuttgart 1888 S. 302 ff., S. 896 ff.

[5] Als Beleg kann u. a. auch dienen, dass im Persischen schon ziemlich früh das Wort »Polanzeiger« aufkommt.

früher alles das, was sie bei griechischen Philosophen und Naturforschern über den Magnetstein (al-magnatis) erfahren konnten, allein die Polarität, welche erst 1242 bei Ibn Bajlak deutlich beschrieben wird, lernte man erst nach und nach kennen.[1] Bei dem genannten Autor erscheint die Magnetnadel als ein hohles, eisernes Fischchen, dessen Kopf und Schwanz die beiden Hauptrichtungen Nord und Süd anzeigen.

Um die Zeit, als Bajlak schrieb, hatte sich eine allerdings zunächst noch dunkle Kunde von der Nordweisung der mit dem Magnetsteine bestrichenen Nadel auch im Abendlande zu verbreiten begonnen, ja einzelne gelegentliche Andeutungen reichen sogar noch höher hinauf. Die Behauptung Hansteens freilich, dass schon zur Karolingerzeit die isländischen Normannen ihren Weg zur See nach dem »Leidarstein« gesucht hätten, beruht auf einem Irrthume, denn die bezügliche Bemerkung steht in einem Werke des XIV. Jahrhunderts.[2] Vielmehr war der erste Nicht-Orientale, welcher mit der Magnetnadel Bescheid weiß, der Minstrel Guiot de Provins, in dessen Gedichte »La bible« (1190) die Boussole als »amanière« unzweideutig geschildert wird. Bald darauf thut Jacques de Vitry (1218) ein Gleiches, indem er den Magneten als »adamas« bezeichnet. Dante's Lehrer, Brunetto Latini, hat die Nadel bei Roger Bacon in England zuerst gesehen; er schildert den Magneten als einen hässlichen, schwarzen Stein, den man durch ein Holzstückchen zu stossen und in dieser Verbindung, frei beweglich, aufs Wasser zu legen pflege. Nicht minder klar ist die Charakteristik, welche zwei andere Schriftsteller aus der ersten Hälfte des XIII. Jahrhunderts entwerfen: Gauthier d'Espinois[3] und Alexander Neckam.[4] Dem gegenüber müssen die Versuche misslingen, anderen Männern, wie etwa dem Marco Polo oder dem Flavio Gioja die Ehre zu vindiciren, dass sie den Nordweiser im Westen heimisch gemacht hätten;[5] was den letztgenannten anlangt, so ist er allerdings schwerlich ohne Verdienst gewesen, allein dieses Verdienst dürfte nach einer ganz andern Seite hin zu suchen sein, worauf zuerst Breusing hinwies.[6] So waren

---

[1] Bajlak's Schrift ist zunächst eine mineralogische, sie führt den Titel: »Schatz der Kaufleute für die Kenntnis der Steine.« Neben Klaproth ist für die älteste Geschichte der Boussole noch heizuziehen eine Abhandlung von Wenekebach, welche ursprünglich 1855 in Mulder's naturwissenschaftlicher (holländischer) Zeitschrift erschien, dreißig Jahre später aber von Hooiberg in's Französische übertragen wurde (Annali di matematica pura ed applicata, (2) tomo VII. S. 159 ff.; nicht minder verdienen Beachtung D. Avezac's »Aperçus historiques sur la boussole« (Bull. de la soc. de géogr. de Paris, (4) tome XIX. S. 336 ff.).

[2] Dieses Werk ist verfasst von Hauk Erlandson, dem ersten geschichtlich nachweisbaren Schriftsteller über mathematische Dinge in altnorwegischem Idiome. Munck gab diese im »Codex Arnamagnaeanus« enthaltenen Schriften in seinen »Annaler for Nordisk Oldkyndighet og Historie« 1848 heraus.

[3] v. Urbanitzky, S. 46.

[4] Das merkwürdige Buch, worin der nautische Nutzen des Compasses klarer als sonst wo und mit offenbarer Reminiscenz an selbst Gesehenes dargelegt wird, ist von Wright (A. Neckam, De natura rerum libri II, London 1863) edirt worden. Eine Analyse des ebenso bunten als interessanten Inhaltes gibt Haeser (Lehrbuch der Geschichte der Medicin und der epidemischen Krankheiten, 1. Band, Jena 1875, S. 641 ff.).

[5] Vgl. Skattschkoff-Durand, Le Venitien Marco Polo et les services qu'il a rendus en faisant connaître l'Asie, Journal Asiatique, (7) tome IV. S. 122 ff.

[6] In dem an neuen Eröffnungen reichen Vortrage »Über die Hilfsmittel der Ortsbestimmung zur Zeit der großen Entdeckungen«, welchen Breusing auf dem III Geographentage (zu Frankfurt a. M.) hielt, den für die »Verhandlungen« zu redigieren er sich aber leider nicht entschließen konnte, wird die Eigenart von Gioja's Leistung scharf bestimmt, und dieser Punkt ist es eben, der Wittstein

denn also von 1200 an die unumgänglichst nothwendigen erfahrungsmäßigen Elemente vorhanden, auf welche theoretische Betrachtung der Erde als eines magnetischen Körpers sich zu stützen im Stande war. Von Pater Bertelli wird[1]) die Anfangsgeschichte der Lehre vom terrestrischen Magnetismus in drei Perioden getheilt, und zwar gilt das Jahr 1600, in welchem Gilbert's berühmtes Werk[2]) das Licht der Welt erblickte, als die untere Grenze dieser Zeiteintheilung. Die erste Periode ist diejenige der rudimentären Zustände, mit welchen wir uns bisher zu beschäftigen hatten, und reicht etwa bis zum Jahre 1150; der zweite Zeitraum, das Jugendzeitalter, umfasst ungefähr 250 Jahre, sodass es im Auftreten Christoforo Colon's seine natürliche Grenze findet, und das XVI. Säculum, in welchem der Name Gerhard Mercator's hervorragt, repräsentiert die Zeit der beginnenden Männlichkeit. Auch wir wollen uns dem Vorschlage Bertelli's anschließen und uns zugleich für unsere weitere Darstellung der Entwicklungsgeschichte an die Grenzscheide des ersten und zweiten Zeitalters begeben.

Literarisch verwerthet wird die Thatsache, dass an der Magnetnadel ein polares Verhalten zutage trete, zuerst in den naturwissenschaftlichen Werken des Albertus Magnus, des Thomas Aquinas und des Vincentius Bellovacensis.[3] Auch der geniale Roger Bacon zeigt sich, wie oben bereits erwähnt, mit der Sache vertraut. Den Vergleich eines Stückes Magneteisen mit der Welt, d. h. mit der zur Erde concentrischen Kugel, innerhalb deren man damals das Universum begriffen wähnte, hat anscheinend zuerst Jean de St. Amand aufgestellt, ein niederländischer Canonicus, der jedenfalls nach 1261 in Tournay lebte und in dieser Stadt seine berühmten Glossen zu dem »Antidotarium« des Salernitaners Nikolaus verfasste, einen Commentar, welcher schon frühzeitig zahlreiche Auflagen im Drucke erlebte und sogar, wie Steinschneider feststellte, einer hebräischen Bearbeitung theilhaftig ward.[4]) Wichtiger jedoch als dieser belgische Geistliche ist dessen Zeitgenosse, der picardische Ritter Pierre de Maricourt, weil derselbe als der erste

---

(s. o.) bei seiner sorgsamen Durchmusterung der einschlägigen Literatur entgieng (vgl. das Referat in den Verhandlungen, Berlin 1883, S. 174). Auf dem schwankenden Schiffe verlor die gewöhnliche Compassbüchse ganz und gar ihren Werth, und Gioja war es eben muthmaßlich, der diesem großen Mangel dadurch abhalf, dass er die getheilte Scheibe mit der um eine verticale Achse frei beweglichen Nadel selbst verband. Damit wäre dann der Sinn des alten Verses »Prima dedit nautis usum magnetis Amalphis« völlig geklärt; von der rührigen Küstenstadt Amalfi gieng der eigentliche Schiffscompass aus, die Boussole der Folgezeit. Letzteres Wort rührt übrigens, wenn Klaproth recht hat, von dem arabischen Muassala (Pfeil) her.

[1]) Bertelli, Sopra Pietro Peregrino di Maricourt e la sua Epistola de Magnete, Bullettino di bibliografia e di storia delle scienze mat. e fis., tomo I, S. 1 ff. Eine eminent gelehrte und vielseitige Abhandlung, welche uns für diese Einleitung mannigfache Hilfe gewährt hat.

[2]) Gilbert, De Magnete, magneticisque corporibus, et de magno magnete Tellure: Physiologia nova, plurimis et argumentis, et experimentis demonstrata, London 1600.

[3]. Bertelli, S. 101 ff. Von einer besonderen Schrift Albert's »De Magnete«, welche das »Speculum lapidum« des Camillo Leonardi (Venedig 1502) anführt, ist nichts bekannt.

[4]) Die bezügliche Stelle ist nach Bertelli (S. 96 diese: »Unde dico quod in adamante est vestigium orbis; unde est in eo aliqua pars habens in se proprietatem Occidentis, alia Orientis, alia Meridiei, alia Septemtrionis; et dico quod, in parte pro Meridie et Septemtrione existente, maxime attrahit et parum a parte Occidentis et Orientis, unde sunt in eo fortiores virtutes polorum, quod cognoscitur a nautis, quia attrahit, quando habent ventum Septemtrionadem aut Meridionalem.« Ähnlich sagt Alexander Neckam: »Navigantibus quoque, directionis est index.«

mit einer selbständigen literarischen Leistung über den Magneten und seine Polarität hervorgetreten ist. Um die Person dieses Mannes hat sich, durch ein sonderbares Versehen veranlasst, ein wahrer Mythenkranz gebildet, und selbst heute noch begegnet man in übrigens verdienstlichen Schriften fehlerhaften Angaben.[1] Das Sendschreiben Pierre's ist in zahlreichen Codices noch vorhanden, deren Vergleichung Wenckebach (a. a. O.) und Bertelli[2] besorgten; für die kritische Ausgabe des letztern wurden sechs, theils in Paris, theils in italienischen Büchereien befindliche Handschriften herangezogen. Auch früher schon ist die Epistel mehrfach gedruckt worden, freilich nicht gerade immer in einer unseren kritischer gewordenen Wünschen entsprechenden Gestalt.[3] Da, wie wir später sehen werden, unser Petrus Peregrinus einer der wenigen Schriftsteller über Erdmagnetismus ist, von welchen Kepler Kenntnis besaß, so geziemt sich wohl ein kurzes Verweilen bei seinem Geisteskinde. Das Schriftchen zerfällt in einen ersten und zweiten Theil mit je 10 und 3 Capiteln. Im ersten Theile wird von der Natur des Magnetsteines und von der Verfertigung der Magnetnadel selbst gehandelt, welche eine ellipsoidische Gestalt erhalten muss.[4] Es werden zwei Formen der Boussole namhaft gemacht, die Wasserboussole und die-

---

[1] Petrus Peregrinus stand als Kriegsmann in den Diensten Karls von Anjou und machte dessen Feldzug gegen Manfred mit. Aus dem Feldlager in Unteritalien richtete er das bewusste Schreiben an seinen Freund Syger oder Suger de Foucaucourt — Foucaucourt und Maricourt sind zwei Nachbarstädtchen —, und da begegnete dem gelehrten Thévenot das Unglück, die Worte »Epistola Petri ad Sygerum« in einer jedenfalls schlecht geschriebenen Handschrift derart zu missdeuten, dass eine »Epistola Petri Adsigerii« daraus wurde. Dieser Adsiger spukt nun in der Geschichte der Physik und der physikalischen Geographie seit zweihundert Jahren; selbst bei v. Urbanitzky (S. 60) und bei A. Heller (Geschichte der Physik von Aristoteles bis auf die neueste Zeit, 1. Band, Stuttgart 1882, S. 396) ist das Gespenst noch nicht verbannt, obwohl in dem mehrfach citierten Aufsatze Wenckebach's der wahre Sachverhalt wieder zu Ehren gebracht ist. Auch Lamont reproduciert in seinem berühmten »Handbuch des Magnetismus« (Leipzig 1867, S. 4) die Fabel von Peter Adsiger, aber in dem nämlichen Werke noch (S. 449) berichtigt er die erste Angabe mit Hinweis auf Wenckebach.

[2] Bertelli, S. 65 ff.

[3] Die erste Druckausgabe ist die folgende: Petri Peregrini Maricurtensis, De Magnete, seu Rota perpetua motus, libellus. Divi Ferdinandi Romanorum Imperatoris auspicio, per Achillem P. Gasserum nunc primum promulgatus (Augsburg 1558). Gasser, einer der ersten unter den in Deutschland thätig gewesenen Jesuiten, wusste seiner eigenen Aussage zufolge gar nichts näheres von dem Autor, dessen Schrift er zum Drucke beförderte hatte; er hielt, so sagt er, den Petrus Peregrinus für einen Franzosen, der vor etwa dreihundert Jahren gelebt habe — eine Vermuthung, welche, wie wir sahen, das richtige traf. Nach Gasser hat Taisnier unser Sendschreiben wieder hervorgesucht. Von diesem Manne berichtet Lamont (a. a. O., S. 447): »Taisnier, Jean, Rechtskundiger, Pagenlehrer Kaiser Karls V., viel auf Reisen, zuletzt erzbischöflicher Musikdirektor in Köln, gestorben 1562 im 53. Lebensjahre. De natura magnetis et ejus effectibus etc. Coloniae 1562. Soll genommen sein aus Petri Peregrini Epistola de magnete seu rota perpetui motus. Augustae 1558.« Letzteres ist nicht völlig richtig, denn das von Lamont gemeinte, aber ersichtlich nicht selbst eingesehene »Opusculum perpetua memoria dignissimum, de natura magnetis, et ejus effectibus, Authore Joanne Taisnerio Hannonio« (Köln 1562) enthält auch manch' eigenes, u. a. eine ganz verständige Erklärung der Gezeiten (»Sciendum, quod Sol et Luna, ambo simul omni die naturali, quae est tempus 24 horarum ad motum primi mobilis, sunt causae fluxus et refluxus, seu crementi et decrementi aquae maris lise«. Nur die Herstellung eines continuierlich laufenden Rades ist der Gasser'schen Ausgabe entlehnt.

[4] Das italienische Wort calamita soll (Klaproth-Wittstein, S. 34) ursprünglich einen Frosch bezeichnet haben; hiermit wäre die von Pierre vorgeschriebene Eiform des Magnetstabes ebenso vereinbar wie die Fischform, welche Bajlak (s. o.) empfohlen hatte.

gaben auf den Grund gegangen und hat herausbekommen,[1] dass Formaleoni und Libri durch eine geometrische Construction, welche sie unrichtig deuteten, sich hatten irreführen lassen. Es muss vorläufig dabei sein Verbleiben haben, dass vor der Epoche der großen Entdeckungen nirgendwo ein Zweifel an der anscheinend felsenfest begründeten Wahrheit, die Magnetnadel zeige genau nach Norden, in die Öffentlichkeit gedrungen ist. Eine gewisse Wahrscheinlichkeit dafür, dass kundige Seeleute schon vor Columbus die Declination bemerkt hätten, müssen wir mit Alexander v. Humboldt[2]) zugeben, irgendwelcher urkundlicher Beweis lässt sich dagegen nicht erbringen.

Bekanntlich hat der ältere Cabot[3]) seinem großen Nebenbuhler Colon darin den Rang abgelaufen, dass er als der erste (1497) das Festland des neuen Erdtheiles Amerika betrat, und nach Riccioli[4]) soll er auch eher als Colon die Declination der Compassnadel wahrgenommen haben. Allein den eigentlichen Beweis für diese Behauptung ist man schuldig geblieben, und auch die Nachricht von einem zweiten Mitbewerber[5]) scheint auf sehr schwachen Füßen zu stehen. Man muss vielmehr bis auf weiteres daran festhalten, dass dem großen Genuesen gleichzeitig zwei Entdeckungen physikalisch-geographischer Natur geglückt sind, diejenige der magnetischen Missweisung und die ihrer Inconstanz für verschiedene Theile der Erde. Neben Humboldt's classischem Werke ziehen wir für die nun folgende Erörterung hauptsächlich

[1] Bertelli, S. 405 ff.
[2]) A. v. Humboldt, Examen critique de l'histoire de la Géographie du Nouveau Continent et des progrès de l'astronomie nautique dans les 15ᵉ et 16ᵉ siècles. vol. 1, Paris 1836, S. 243 ff. Dieses bahnbrechende Werk hat zuerst die berechtigten Prioritätsansprüche des Columbus klar gestellt.
[3]) Häufig liest man, Sebastiano Gabotto habe Labrador zuerst gesehen, allein es liegt da eine Verwechslung des Sohnes mit dem Vater Giovanni vor; vgl. hiezu Ruge, Geschichte des Zeitalters der Entdeckungen, Berlin 1881. S. 500 ff.
[4]) Riccioli. Geographia et hydrographia reformata. Bologna 1661. S. 94. Gegen Riccioli ist der verdiente erste Historiker der Physik, J. C. Fischer, mit einer allerdings nicht sehr durchsichtigen Notiz aufgetreten (Geschichte der Naturlehre, 1. Band, Göttingen 1801. S. 253 : »De l' Jsle (Mém. de l'Acad. royale des science. de Paris 1712) hatte eine Handschrift eines Piloten, Crignon aus Dieppe, vom Jahre 1534, welche dem Sebastian Chabot zugeeignet war, und in welcher der Abweichung der Magnetnadel gedacht wird. Es ist daher zweifelhaft, ob Chabot die Abweichung der Nadel zuerst entdeckt habe, oder ob sie längst vor ihm bekannt gewesen sei.« Auch hier spielt, wie man sieht, die oben erwähnte Personalvertauschung mit und verdunkelt den Sachverhalt, der nach unserem Dafürhalten sich in dieser Weise kennzeichnen lässt: Entweder soll Sebastian Cabot die Ehre zugeschrieben werden, und dann ist sein Anspruch an sich hinfällig, weil er ja um ein sehr Bedeutendes jünger als Columbus war, oder aber man denkt an Johann Cabot, und dann kann die Mittheilung nicht ins Gewicht fallen, welche Crignon dessen Sohn wohl vierzig Jahre nach der kritischen Zeit gemacht haben soll. In diesem Punkte haben sich offenbar auch bessere Werke eine recht incorrecte Darstellung zu schulden kommen lassen.
[5]) Poggendorff, Geschichte der Physik, Leipzig 1879. S. 271. »Der andere Competent Gonzales Oviedo, auch ein Zeitgenosse von Columbus, ist durch eine Beschreibung von Indien berühmt, in welcher er, wie Gilbert sagt, berichtet, dass die Magnetnadel in dem Meridiane der Azoren keine Abweichung zeige.« Allein Oviedo's »Historia general de las Indias« ist erst geraume Zeit nach derjenigen an's Licht getreten, welche als Entdeckungszeit hier allein in Frage kommen kann, und so ist denn auch von dieser Seite her eine ernste Gefahr für Colon's Vorrecht nicht zu befürchten. Es ist überhaupt auffällig, dass so viele Concurrenten auftauchen konnten, nachdem deren Ansprüche doch fast ausschließlich auf Hörensagen beruhten, und nur für den Entdecker Amerikas wirkliche Beweisdocumente vorhanden sind.

die Untersuchungen Sophus Ruge's zu Rathe.[1] in welchen auch aus mancher erst in den letzten Jahrzehnten eröffneten Quelle geschöpft ist. Die erste Beobachtung einer Abweichung der Magnetnadel von der Nordsüdrichtung machte Colon am 13. September 1492 bei Einbruch der Nacht. Die Declination war eine nordwestliche und vergrößerte sich noch am folgenden Tage. Der Admiral war von dieser mit allen seinen vorgefassten Ansichten in Widerspruch stehenden Thatsache in hohem Maße betroffen und glaubte sie sich nur durch die anderweite Wahrnehmung erklären zu können, dass hundert Leguas westlich von den Azoren das ganze physische Verhalten der Erde ein anderes werde, dass das Aussehen des Himmels, die Lufttemperatur, Farbe und Wärme des Meerwassers tiefgehende Veränderungen erfahre.[2] Die lebhafte, ja aufgeregte Phantasie Colon's hatte an dieser, wie wir jetzt wissen, mindestens sehr übertriebenen Schilderung des westlichen Atlantik keinen geringen Antheil. Merkwürdiger noch ist aber jedenfalls die Art und Weise, wie sich der Entdecker mit dem Factum der magnetischen Missweisung abfinden zu sollen glaubte. Polarstern und Magnetnadel gehörten nach seiner Meinung unwandelbar zu einander, die Achse der letzteren musste sich von selbst polwärts einstellen, und wenn dann also trotzdem diese Achsenrichtung keine unveränderliche war, so blieb nur übrig, anzunehmen, dass der Pol, d. h. der Polarstern (α ursae minoris) seinen Platz an der Himmelskugel stetig ändere. Diese Hypothese hat denn auch Colon aufgestellt und durch Citate aus griechischen Schriftstellern zu stützen gesucht.[3] Glücklicherweise ist ihm auf dem von ihm betretenen irreführenden Wege niemand gefolgt, man hielt sich an die Erfahrungsthatsache, dass im atlantischen Meere eine annähernd meridional verlaufende Linie existiere, längs deren die Compassnadel

---

[1] Ruge, Gesch. d. Zeitalters d. Entdeck., S. 241 ff.; Ruge, Die Weltanschauung des Columbus, Dresden 1876. Es soll nicht verschwiegen werden, dass bald nach der Publication dieses in Dresden gehaltenen Vortrages die »Gött. Gel. Anzeigen« eine Recension aus Wappaeus' Feder brachten, worin dieser hochverdiente Geograph die Beurtheilung Ruge's als eine viel zu ungünstige verwarf. Mag aber vielleicht auch Ruge die Schattenseiten etwas zu stark betonen, die Neigung des Entdeckers zu mystischer und gewagter Speculation über Naturdinge kann nicht bestritten werden.

[2] Ruge, Gesch. etc., S. 268 ff.; Die Weltanschauung etc., S. 16.

[3] Die eigentliche Quelle all' unseres Wissens von den ersten Entdeckungsreisen ist Navarrete's Urkundensammlung, wovon 1858 zu Madrid eine zweite Auflage herausgekommen ist. Daselbst sind die Belegstellen aus dem Tagebuche des Admirals gesammelt. Am 17. September (tomo I, S. 162) sagt er von der Declination: »La causa fué porque la estrella que parece hace movimiento y no las agujas.« Und vierzehn Tage später (u. a. O., S. 168) fügt er eine Erläuterung bei: »Tambien en anocheciendo las agujas norvestan una cuarta, y en amaneciendo están con la estrella justo; por lo cual parece que la estrella hace movimiento como las otras estrellas, y las agujas piden siempre la verdad.« Wenn Ruge, gegen Peschel, dem Columbus die Kenntnis des Factums abspricht, dass auch der sogenannte Polarstern einen kleinen Tageskreis um den wahren geometrischen Nordpol beschreibt, so geht er vielleicht zu weit, denn diese Bewegung war den Sternkundigen jener Zeit genau genug bekannt, und Colon hatte doch viele astronomische Kenntnisse in sich aufgenommen. Nicht lange nachher begründete Werner auf diese scheinbare Bewegung des Nordsternes eine neue Methode zur Auffindung der geographischen Breite. Allein auch wenn Peschel im Rechte wäre, wird Colon nicht entlastet, denn sein Hauptfehler bestand darin, dass er die Richtkraft des Erdkörpers — wie die Mehrzahl der Kosmographen (s. u.) — in den Polarstern verlegte, und darüber hatte man doch schon im Mittelalter klarer gedacht. Auf falscher Prämisse weiter schließend, gelangte der kühne Seefahrer sodann zu der sonderbaren Anschauung, dass jenseits der Ort, an denen er zuerst den westlichen Ausschlag der Nadel beobachtet hatte, also, modern gesprochen, jenseits der Isogone Null, die Erdkugel eine Ausbuchtung gegen das Himmelsgewölbe aufweise.

genau nach Norden zeige, während beim Fortschreiten in ostwestlicher Richtung die Ablenkung gegen Westen mehr und mehr zunehme. Diese Curve gab den ersten Anlass zu der berühmten Demarcationslinie, durch welche Spanien und Portugal, im Einverständnisse mit der höchsten kirchlichen Gewalt, die Erdoberfläche unter sich theilten.[1] Strenge beobachtet ward der Vertrag freilich nicht, ja man darf sagen, dass eine nicht sehr loyale Auslegung der Abmachungen für Magelhaëns den ersten Anlass gab, die Möglichkeit einer Erreichung der Gewürzinseln von Osten her in Erwägung zu ziehen.[2]

Von denjenigen Seefahrern, welche auf der von Columbus eingeschlagenen Route auf's neue magnetische Messungen vornahmen, ist besonders Amerigo Vespucci zu nennen. Die ungünstige Beleuchtung, in welcher dieser vielfach verdiente Mann zumal bei spanischen Schriftstellern erschien und theilweise noch erscheint, hat in Fachkreisen schon seit geraumer Zeit einer richtigeren Würdigung Platz machen müssen.[3]

Langsam nur verschaffte sich im Laufe des XVI. Säculums die Überzeugung von dem Vorhandensein einer magnetischen Missweisung Eingang bei den Gelehrten und Praktikern; die heute kaum richtig zu überblickenden Schwierigkeiten, mit welchen in jenen Tagen die Verbreitung neuer wissenschaftlicher Errungenschaften zu kämpfen hatte, machen es erklärlich, dass da und dort die Entdeckung völlig spontan von Neuem gemacht wurde. Die erste Druckschrift, welche der Declination Erwähnung thut, ist nach Bertelli[4] die verdienstvolle mathematische Geographie des Heinrich Loriti von Glarus.[5] Ziemlich zur selben Zeit kam der Nürnberger Geistliche Hartmann, auf welchen wir demnächst zurückzukommen haben werden, ohne alle Anregung von außen zu der Erkenntnis, dass die Magnetnadel nicht genau nach Norden zeige,[6] und ebenso bestimmte Oronce Finée, Professor der Mathematik an der Pariser Hochschule, im Jahre 1550, die Declination

---

[1] Die genaueren Angaben über die Theilungslinie und den Vertrag von Tordesillas (7. Juni 1494) gibt Rugo (Gesch. etc. S. 267 ff.).

[2] v. Murr, Diplomatische Geschichte des portugiesischen berühmten Ritters Martin Behaims, Nürnberg 1778. S. 88 ff.

[3] Die Bahn ward für eine solche Würdigung gebrochen durch eine Schrift des unermüdlichen Varnhagen (Amerigo Vespucci, son caractére, ses écrits, sa vie et ses navigations, Lima 1865). Allein zunächst drang seine Richtigstellung noch nicht in weitere Kreise, ja auf dem 1881 in Madrid versammelten »Congreso international de Americanistas« gefiel man sich wieder in heftigen Angriffen gegen den angeblichen Verkleinerer Colon's (vgl. Geleich's Referat im fünften Jahrgang der »Zeitschr. f. wissensch. Geogr.«). Ebenda (S. 85 ff.) erschien jedoch bald darauf Geleich's Abhandlung »Die erste Reise des Vespucci und die Actas de la IV Reunion de Americanistas«, worin wieder auf Varnhagen's Quellenarbeit verwiesen und zugleich, was für uns hier besonders wichtig, die ungefähre Lage der Isogonen von ±5° und ±10° Declination nach Vespucci's Originalangaben zu reconstruieren versucht wird. Weitere Verdienste um die Geschichte dieses letztern hat sich Hugues erworben (Sul nome »America«, Turin-Florenz-Rom 1886; Bull. della soc. geogr. Italiana, Luglio 1886). Die Distanzberechnung von Hugues wird allerdings von Geleich angefochten (Neue Untersuchungen über die erste Reise des Vespucci, Zeitschr. f. wissensch. Geogr., 6. Jahrgang, S. 100 ff.); der Verfasser gibt hier auch neue Aufschlüsse über die Vertheilung der Isogonen im atlantischen Ocean gegen Ende des XV. Jahrhunderts.

[4] Bertelli, S. 405 ff.

[5] Glareanus, De geographia liber unus, Freiburg i. B. 1536. Dort heißt es in cap. VI: »In horologiis nostrae aetatis, lingula illa tremula, quae circumvolvitur, lineam meridianam ostendit, quamquam non prorsus ad amussim.«

[6] L. Prowe, Nicolaus Coppernicus, 1. Band, 2. Theil, Berlin 1883, S. 483.

an seinem Wohnorte selbständig zu 8⁰. ¹) Freilich gab es auch noch Unverständige, welche sich von der in mancher Hinsicht unbequemen Wahrheit nicht überzeugen lassen wollten. Selbst eines der gebräuchlichsten nautischen Compendien stellte sich auf diesen unhaltbaren Standpunkt, ²) und ein sonst tüchtiger Seemann, Pedro de Sarmiento, gab noch 1580 bei der Umseglung Südamerikas der Ansicht Ausdruck, dass man durch richtige Behandlung der Nadel, Vermeidung aller Reibung u. s. w., die fatale Abweichung aus der Welt schaffen könne. ³) Einsichtigere Männer nahmen dagegen das Factum hin und bemühten sich um eine möglichst scharfe Bestimmung des Ablenkungswinkels. Gelcich bemerkt, ⁴) dass schon 1525 ein gewisser Felipe Guilen einen neuen Variations-Compass construiert habe, welcher zugleich für die Messung der Sonnenhöhe und für die der Missweisung dienen sollte, und unmittelbar nach Medina's unbrauchbarem Lehrbuche der Navigationskunde erschien ein besseres von Cortés, in welchem die entsprechenden Consequenzen aus der Entdeckung des Columbus gezogen werden. ⁵) Wie natürlich, gieng man in dem Eifer, derartige Folgerungen für die Wissenschaft nutzbar zu machen auch wieder über das Ziel hinaus und schmeichelte sich, mit Hilfe der Declination Aufgaben lösen zu können, deren Charakter ein durchaus verschiedener ist. Der jüngere Cabot nahm ein so einfaches Gesetz in der west-östlichen Veränderung der Declination als giltig an, dass man mittelst dieser letzteren die geographische Länge auf dem Meere zu bestimmen vermöge, ⁶) und Pigafetta führt dieses letztere Verfahren als gleichberechtigt neben zwei astronomischen Methoden auf, welche — es handelt sich um Mondabstände und Bedeckung von Fixsternen durch den Mond — ihren Zweck wirklich erfüllen. ⁷) Wir werden weiter unten sehen, dass auch zu Kepler's Zeit noch solche Pläne auf der Tagesordnung standen. Zumal auch die Holländer hielten längere Zeit an dieser Lieblingsidee fest, und selbst bei diesem nüchternen Volke hielten sich phantastische Ideen noch bis zum Ende des XVI. Jahrhunderts, wie denn Huygens van Linschooten (1595) den Polarstern für den Träger der magnetischen Directionskraft erklärte. Im allgemeinen aber ist gerade von den Niederlanden eine neue Ära für den Gebrauch der Seekarten und des Compasses ausgegangen. ⁸)

---

¹) Poggendorff, Gesch. d. Phys., S. 273.
²) Pedro de Medina, Arte de navegar, Valladolid 1545. Vgl. hiezu Poggendorff, Handwörterbuch zur Geschichte der exacten Wissenschaften, 2. Band, Leipzig 1863. Spalte 100.
³) Breusing, Gerhard Kremer, gen. Mercator, der deutsche Geograph, Duisburg 1869. S. 15 ff.
⁴) Gelcich, Über Compasscompensation und Compassverwandlungsapparate, Zeitschr. f. Instrumentenkunde, 1883. S. 273.
⁵) Martino Cortés. Breve compendio de la esfera y de la arte del navigar, Cadix 1546; zweite Auflage, Sevilla 1556. Cortés lehrt hier, wie man die Compassablesung mit Rücksicht auf die bereits bekannte Missweisung zu corrigieren habe. Dies setzte allerdings voraus, dass man schon eine Mittagslinie gezogen und den Winkel der Nadelachse gegen jene ermittelt hatte.
⁶) Vgl. Peschel-Ruge, Gesch. d. Erdkunde, S 431. Cabot hat 1554 ein zu erwähntes Zwecke angefertigtes Verzeichnis der Declinationen, soweit sie ihm bekannt waren, dem spanischen Hofe übermittelt. Er nahm zwei magnetische Meridiane von der Missweisung Null an: den einen derselben ließ er durch die Azoren, den andern durch die Insel Sumatra gehen.
⁷) Über Pigafetta's Vorschläge gibt Auskunft: Stanley of Alderley, Voyage round the world by Magellan, London 1874. S. 170 ff.
⁸) Wegen der ältesten holländischen Seekarten vergleiche man Abschnitt XX in den höchst verdienstlichen »Bouwstoffen voor de geschiedenis der Wis-en Natuur-

Inzwischen hatte sich ein anderes Ereignis von großer Tragweite vollzogen: Georg Hartmann (s. o.) hatte die magnetische Inclination entdeckt. Die Thatsache ist bekannt genug, da Dove die Briefe, welche Hartmann an den preußischen Herzog Albrecht in dieser Angelegenheit geschrieben hatte, in der Originalform der Öffentlichkeit übergeben hat.[1] Allerdings hat man es zunächst nur mit qualitativen Beobachtungen und durchaus nicht mit quantitativer Messung zu thun: die Größe der Neigung ward zuerst ganz außerordentlich — um das achtfache — unterschätzt. Was Hartmann noch versäumte, holte nach Musschenbroek's ausführlichem Berichte[2] der Engländer Robert Norman nach, der um 1576 ein erstes wirkliches Inclinatorium erstellte und mit dessen Hilfe für London den wahrscheinlich ziemlich genauen Werth, Neigung $= 71^{\circ} 50'$, auffand. Doch dauerte es noch lange, bis Inclinations-Beobachtungen allgemeiner wurden; auf offene See ist die Neigungsnadel zuerst 1607 von dem kühnen Nordpolfahrer Hudson mitgenommen worden.[3] — Sollte es übrigens auffallen, dass wir bei der ältesten Geschichte der Inclination gar nicht von des Fortunius Affaytatus »Physicae ac Astronomicae considerationes« (Venedig 1549) sprachen, worin angeblich der Neigung Erwähnung gethan sein soll, so müssen wir bemerken, dass nach Bertelli[4] diese Angabe unzutreffend ist. Affaytatus nahm lediglich — wie Colon und Huygens van Linschooten (s. o.), wie Cardan, wie Fracastor und viele andere — an, dass die Achse der Nadel verlängert durch den Polarstern hindurchgehe. Wir haben ja eben bei Dante gesehen, dass dies in Italien die allgemeine Meinung war.

Theoretische Speculationen über den Magnetismus, sowohl an und für sich als auch ganz besonders in seiner tellurischen Bethätigung, waren mit den Fortschritten der magnetischen Beobachtungspraxis stetig Hand in Hand gegangen. So hatte Cardan die Frage untersucht, ob auch noch andere Körper als Eisen des Magnetisiertwerdens fähig sind.[5]

---

kundige Wetenschappen in de Nederlanden« von Bierens de Haan (tweede Verzameling, S. 36 ff). Als Hauptbuch für den Gebrauch des Schiffers galt das »Licht der Seefahrt« von Willem Janssen (1571—1638); die Einleitung beginnt mit den folgenden Worten: »Hierin wordt vooral behandeld de Atwijckinghe der Naelde ofte de veranderinghe van't Compas, de miswijzing van het compas.«

[1] Der Abdruck erfolgte in dem von Dove in Gemeinschaft mit Moser und anderen Fachmännern herausgegebenen »Repertorium der Physik«. 2. Band. S. 130 ff. Hartmann beschreibt eine Reihe von Experimenten mit dem »Magnetzungele«, welche er dem römischen König Ferdinand I. bei dessen Durchreise durch Nürnberg, vorgemacht habe. »Zu dem Andern,« äußert er sich, »finde ich auch dieses an dem Magneten, dass er sich nicht allein wendet von der Mitternacht und lenket sich gegen den Aufgang um 9° ungefähr, wie ich es gemeldet habe, sondern er zeigt auch unter sich.«

[2] Musschenbroek. Dissertationes physicae experimentales et geometricae. Wien-Prag-Triest 1756. S. 150 ff. Robison. Elements of Mechanical Philosophy, ed. Brewster, Vol. IV, Edinburgh 1822. S. 356. Norman's Schrift »The new attractive« London 1580 scheint überaus selten zu sein.

[3] Peschel-Ruge. Gesch. d. Erdkunde, S. 433.

[4] Bertelli. S. 356 ff.

[5] Rixner-Siber. Leben und Lehrmeinungen berühmter Physiker am Ende des XVI. und am Anfange des XVII Jahrhunderts, 2. Heft, Sulzbach 1820. Dass Cardan obige Frage verneinend beantwortete, kann nicht auffallen, wenn man sich der Streitigkeiten erinnert, die Cavallo's Behauptung, auch Messing könne magnetisch werden, zu Anfang dieses Jahrhunderts hervorrief (Gehler's Phys. Wörterbuch, 2. Aufl., VI. 2. Leipzig 1836. S. 650 ff.). Seit Faraday kennt man paramagnetische und diamagnetische Körper.

Später zeigte Porta wenigstens den ernstlichen Willen, durch rationellen Versuch die Gesetze des Magnetismus zu entschleiern.[1]) Doch blieben seine Bemühungen ohne namhaften Erfolg,[2]) und ebenso verhielt es sich mit Cusa's an sich glücklicher Idee, die Wage in den Dienst magnetischer Messungen zu stellen,[3]) eine Idee, die allerdings gelegentlich schon bei den Arabern sich ausgesprochen findet,[4]) und welche über ein Jahrhundert nach Cusa von Athanasius Kircher mit mehr Glück zu realisieren versucht wurde.[5]) Dass es nicht leicht war, experimentell auf diesem Gebiete weiter vorzudringen, geht allerdings klar genug aus dem Umstande hervor, dass selbst der Meister der inductiven Forschung, dass Galileo Galilei sein langes Leben hindurch diesen Gegenstand niemals aus dem Auge verlor, ohne doch zu Ergebnissen zu gelangen, die es sich in die Annalen der Wissenschaft einzutragen verlohnt hätte.[6]) Hingegen brachte man es stets weiter in der

[1]) Porta, Magiae Naturalis, sive de miraculis rerum naturalium libri IV, Neapel 1558, S. 88 ff.

[2]) Ob Porta, wie Poggendorff (Gesch. d. Phys., S. 133) ihm unterlegt, in der That schon von der stündlichen Änderung der Declination etwas gewusst habe, das soll von uns aus dahingestellt bleiben. Bertelli S. 322 ff.) ist der Meinung, dass Porta manches aus einer bisher ganz vernachlässigten und eben erst wieder durch den Erstgenannten an's Licht gezogenen Schrift des Venezianers Garzoni (1567—1592) in sein Werk herübergenommen habe. Das Werkchen des Garzoni betitelt sich »De Magnetis lapidis natura« und enthält Stellen, die unverkennbar beweisen, dass der Autor die »Epistola« des Pierre de Maricourt gekannt hat.

[3]) Eine umfassende Analyse der Schrift des Cardinals »De staticis experimentis dialogus« (gedruckt zu Strassburg 1550) enthält Kaestner's »Geschichte der Mathematik« (2. Band, Göttingen 1797. S. 122 ff.).

[4]) Die von Eilhard Wiedemann (Ann. d. Phys. u. Chem., (2) 4. Band, S. 320 ff.) einem von unbekanntem Autor verfassten »Buch der Bartnherzigkeit« entnommene Stelle schildert wägende Versuche über die Tragkraft von Magnetstäben.

[5]) Vgl. Zoeckler, Biographien und Bekenntnisse grosser Naturforscher aus alter und neuer Zeit, 1. Theil, Gütersloh 1881 S. 272 ff.

[6]) Zur Orientierung über Galilei's magnetische Studien empfehlen wir: Favaro, Galileo Galilei e lo studio di Padova, Florenz 1883, Vol. I, S. 306 ff., S. 312 ff.; Vol. II, S. 102. Galilei trat an diese Fragen, nicht wie Drinkwater angibt, erst im Jahre 1607, sondern bereits 1602 heran, gleich nachdem er mit der Lesung von Gilbert's grossem Werke zu Erde gekommen war. Schon am 2. September genannten Jahres ist in einem Briefe Sarpi's an seinen berühmten Freund von der Inclination der Magnetnadel die Rede (Albèri, Le Opere di Galileo Galilei, tomo XV, Florenz 1856, S. 316 ff.). Am lebhaftesten interessierte sich in dem gelehrten Kreise des Meisters Sagredo für den Erdmagnetismus, er trat mit Gilbert in persönliche Beziehung, wofür weiter unten der Beleg erbracht werden wird, und dachte auch daran, die venezianischen Consularagenten in der Levante zur Anstellung von magnetischen Beobachtungen anzuregen. Sehr viel erwarteten die Zeitgenossen von der Erwerbung eines grossen armierten Magneten, den Galilei zu erhalten wünschte und nach langen Erörterungen von der anfänglich wenig zum Geben aufgelegten Hofkammer des Grossherzogs auch bekam. Die Correspondenz zwischen Galilei einerseits, Vinta in Florenz andererseits siehe bei Campori (Carteggio Galileiano inedito con note ed appendici, Modena 1881, S. 16 ff.). Ebendort (S. 246) steht zu lesen ein merkwürdiges Schreiben Marsili's an Galilei (5. Juli 1626): Der Schweizer Souvey wolle eine eigenartige Entdeckung gemacht haben, »il quale si vantava con un Cappelletto d'acciaio finissimo sopra una sferetta di calamita (arle multiplicare la virtù sessanta con cento cinquanta.« Favaro's gründlicher Essay über Souvey (Bull. di bibliogr. e di storia delle sc. mat. e fis., tomo XV, S. 1 ff.) gewährt keinen Anhaltspunkt zur Beurtheilung dieser Entdeckung. Galilei selbst hat jedenfalls mit seinem mühsam erworbenen Magneten nichts Grosses geleistet, ja er hat sogar die Erscheinungen der Attractions- und Richtkraft nicht durchweg richtig auseinandergehalten. Leibniz bedauerte deshalb (Brief an Magliabecchi, 1685) wohl mit Unrecht den Verlust des Galilei'schen Magneten; zudem ist derselbe nicht einmal verloren gegangen, sondern befindet sich, sammt Armatur, noch heute in Padua (vgl. E. Gerland, Beiträge zur Geschichte der Physik, Leopoldina 1882. Nr. 5).

Kunst, die Nordweisung der Nadel auch außerhalb der Navigationskunde nützlich anzuwenden; in Deutschland ward der Grubencompass erfunden und verbessert,[1]) und Joachim Rheticus lehrte in geordneter Darstellung die Landvermessung mit Hilfe der Boussole.[2]) Geodätischen Inhaltes mag wohl auch das leider in Verlust gegangene Werkchen »De Magnete« des wackern Philipp Apian[3]) gewesen sein, der zwar nicht mehr Kepler's eigentlicher Lehrer in Tübingen war, mittelbar aber durch Michael Mästlin sehr leicht auf den empfänglichen Jüngling eingewirkt haben kann, mit welchem er noch über ein Jahr — er starb 1589 und Kepler ward Baccalaureus an der schwäbischen Hochschule 1588 — in derselben Stadt zusammengelebt hat.

Wir betonten weiter oben schon, dass von allen Gelehrten des Renaissance-Zeitalters sich mit dem Erdmagnetismus als solchem keiner so gründlich auseinanderzusetzen versucht hat, wie Gerhard Mercator, der Vater der modernen Kartendarstellung. Er brach als der erste vollständig mit der Auffassung, dass irgendwelche magnetische Beziehung zwischen Himmel und Erde obwalten könne, und verlegte die Brennpunkte magnetischer Kraft in den Erdkörper selbst, sodass er auch als der wahre Schöpfer der Lehre von den magnetischen Erdpolen betrachtet und geachtet zu werden ein Recht hat. In einem Schreiben, welches der noch jugendfrische Mann an den damaligen Bischof von Arras, den bekannten Granvella richtete (1546), und welches wir durch Brensing's Mühewaltung[4]) in unserer vaterländischen Sprache besitzen, sind bereits die Grundsätze umschrieben, von welchen sich Mercator bei seinen Bestrebungen, die Magnetpole ihrer Lage nach zu erkunden, leiten ließ. Die Richtung einer um eine verticale Achse frei beweglichen Magnetnadel, so beginnt er, ändere sich stetig mit der geographischen Breite und Länge, und wenn man also mittelst des Compasses eine Aufnahme von Küstengeländen zu kartographischen Zwecken vornehme, so müsse man auf die Missweisung unausgesetzt bedachtnehmen. Am Himmel könne der Punkt, welchen die Nadel als Richtpunkt anerkennt, sich unmöglich befinden, da sonst jene an der täglichen Umdrehung des Firmamentes theilzunehmen genöthigt wäre: man bemerke, wie ungleich klarer der exacte Geograph über diesen Fall denkt, verglichen (s. o.) mit dem stets von seiner Phantasie missleiteten Columbus! Nun allerdings verfällt Mercator selbst in einen Irrthum, der aber für jene Zeit nur als ein sehr entschuldbarer bezeichnet werden muss; er nimmt nämlich an, dass die verlängerten Achsen sämmtlicher irgendwo auf der Erde befindlicher Declinationsnadeln sich in einem von zwei Punkten, nämlich in einem der beiden magnetischen Pole durchschnitten.[5]) Wäre

---

[1]) Es geschah durch Agricola und Reinhold (Poggendorff, Gesch. d. Phys., S. 111).
[2]) Hipler, die Chorographie des Joachim Rheticus, nach dem Autographon des Verfassers mit einer Einleitung herausgegeben. Zeitschr. f. Math. u. Phys., 21. Band, hist.-liter. Abth., S. 125 ff. Das fünfte Capitel trägt die Überschrift: »Wie man die Magneten probieren und die schippercompass recht machen solle«; die Probe, d. h. die Erkundung der Missweisung, vollzieht sich mittelst der Wasserboussole.
[3]) Günther, Peter und Philipp Apian, zwei deutsche Mathematiker und Kartographen, Prag 1882, S. 113.
[4]) Breusing, S. 13 ff.
[5]) So lange man noch nichts von jenen Isogonen wusste, welche in sich zurücklaufen, ohne in dem umschlossenen Areale einen Pol zu enthalten, wie sich dies am deutlichsten in dem wohlbekannten Ovalensysteme Ostasiens offenbart, musste wirklich der Hypothese, dass die Richtkraft der Erde sich irgendwie auch als directe Anziehung zu erkennen geben müsse, eine gewisse Berechtigung zugestanden werden.

dem so, dann genügten zwei Einzelbeobachtungen zu Bestimmung des Nordpoles. Um nun diesen wirklich zu ermitteln, will sich Mercator an die Erfahrungsthatsache halten, dass die Küstenaufnahme Danzig um einen ganzen Grad nördlicher als die astronomische Ortsbestimmung verlegen würde; hieraus wird gefolgert, dass die Declination zu Danzig diejenige auf der seeländischen Insel Walcheren um 5° übertreffe, und da man auf Walcheren 9° Missweisung constatierte, so betrüge diese letztere am Ausflusse der Weichsel 14°. Daraufhin wird durch die beiden bezeichneten Orte je ein größter Kreis K_1 und K_2 so gelegt, dass K_1 mit dem Meridiane von Walcheren einen Winkel von 9°, K_2 mit dem Meridiane von Danzig einen Winkel von 14° einschließt; K_1 und K_2 sind jetzt die beiden magnetischen Meridiane, und da, wo sich dieselben durchschneiden, ist der magnetische Nordpol der Erde zu suchen. Unter der Voraussetzung, dass die Zählung der Längen von

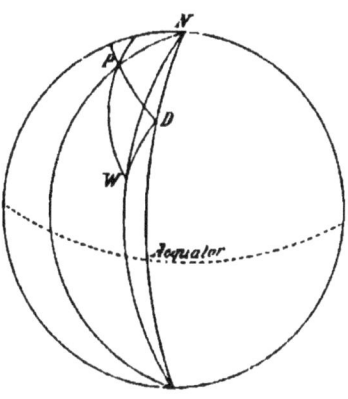

Fig. 1.

dem Azoren-Meridiane beginnt,[1] liegt dieser Pol unter 79° nördlicher Breite und 168° westlicher Länge.[2]

Mit Rücksicht auf diesen Brief fällt Mercator jene Priorität zu, welche, wenn einzig und allein gedruckte Bücher Geltung hätten, wohl Cortés beanspruchen dürfte. Der treffliche Geograph hat auch die Frage nach dem wahren Orte des magnetischen Poles niemals aus dem Auge verloren und seine ursprünglichen Festsetzungen zu verschärfen gesucht.[3]

---

[1] Peschel-Ruge, Gesch. d. Erdkunde, S. 123 ff. »Wie heutigen Tages herrschte auch früher keine Eintracht in der Befestigung des ersten Mittagskreises. Mercator legte ihn über die azorische Insel Corvo, weil zu seiner Zeit dorthin eine Linie der reinen magnetischen Nordweisung fiel, Hondius bezog seine Meridiane auf die capverdische Insel Santiago, weil von ihr aus die päpstliche Theilungslinie berechnet wurde.« Wir werden bald dieses Zwiespaltes zwischen den beiden Niederländern nochmals zu gedenken haben.

[2] In Fig. 1. ist N der Drehungspol, P der gesuchte Magnetpol, W Walcheren, D Danzig. In dem sphärischen Viereck kennt man, wenn ξ_1 und ξ_2 die Breiten jener Orte, λ_1 und λ_2 ihre Längen, δ_1 und δ_2 die respective dortselbst gemessenen Declinationen sind, Seite $ND = 90° - \beta_1$, Diagonale $NW = 90° - \xi_1$, $\angle DNW = \lambda_2 - \lambda_1$, $\angle NWP = \delta_1$, $\angle NDP = \delta_2$; aus diesen fünf Stücken ist zu finden Seite NP, welche die Breite des Magnetpoles zu 90° ergänzt, und $\angle PNW = \lambda_3 - $ der gesuchten westlichen Länge von P. Eine stricte Durchführung dieses Problems der sphärischen Tetragonometrie würde ein beträchtlicheres Maß von Kenntnissen und Fertigkeiten voraussetzen, als es Mercator muthmaßlich zu gebote stand; derselbe hat wohl auch nicht wirklich gerechnet, sondern nur auf dem Globus eine graphische Construction gesucht, was auch durch die runden für die Poldistanz und Länge angeführten Zahlen wahrscheinlich gemacht wird.

[3] Vor uns liegt der »Atlas Minor Gerardi Mercatoris« a Jod. Hondio plurimis aeneis tabulis auctus atque illustratus« (Amsterdam 1607); wir wählen diese uns zugängliche Ausgabe anstatt der nur wenig ältern und zweifellos sachlich ganz identischen, welche (s. o.) Kepler bei seinen Arbeiten über Erdmagnetismus zu Rathe zog, wir selbst aber uns nicht verschaffen konnten. Fig. 2 liefert ein in allen Hauptpunkten getreues Bild der Mercator'schen Polarkarte (nur einzelne lange

Die Frage nach dem Orte der magnetischen Pole ist seitdem zum theile endgiltig durch Autopsie entschieden, zum theile hat sie die hohe

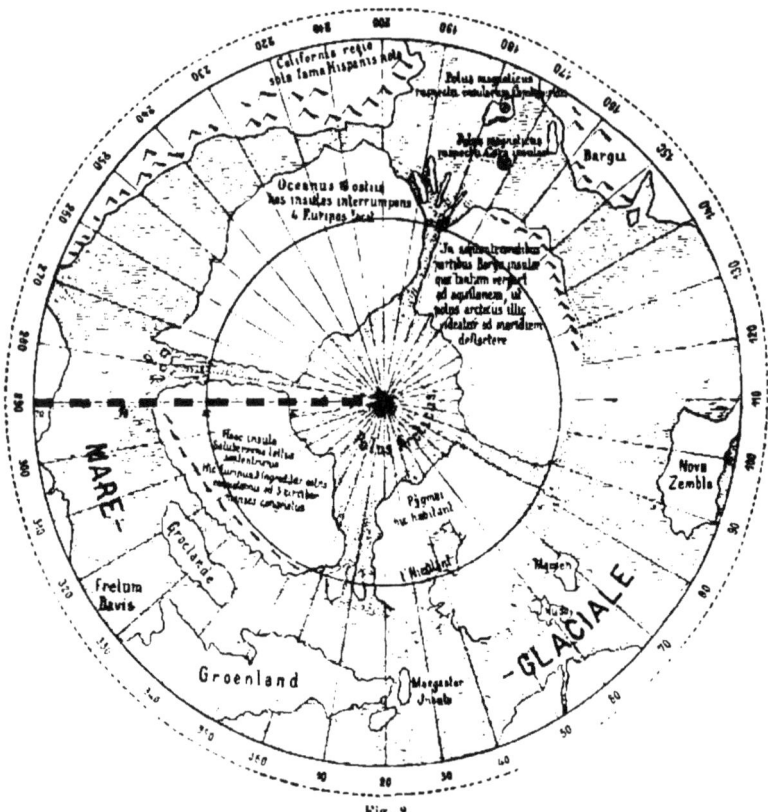

Fig. 2.

Bedeutung eingebüßt, welche man ihr früher beimaß,[1]) allein das Verdienst Mercator's kann durch diese natürliche Entwicklung der Dinge

Legenden wurden gekürzt). Dass man, nahe benachbart, zwei Magnetpole erblickt, hat seinen einfachen Grund: der Schnittpunkt P in Fig. 1 fiel eben verschieden aus, je nachdem man (s. o.) bezüglich der Isogone Null den Annahmen des Mercator oder des Hondius folgte. Die Daten, nach welchen die Karte bearbeitet ist, fehlen theilweise; so scheint insbesondere keine Aufklärung zu erlangen zu sein hinsichtlich der nachstehenden, sehr bemerkenswerthen Worte des begleitenden Textes: »Quae de Euripis illis quatuor in Tabula vides, descripta sunt ex itinerario Jacobi Cnoxen Buscoduuensis, qui refert Minoritam quendam Anglum Oxoniensem Mathematicum terras Polo circum vicinus descripsisse et astrolabio dimensum esse in hanc sequentem formam fere, uti ex Jacobo collegit Mercator.«

[1]) Mit Bezug auf eine Äußerung von Gauß sagt A. v. Humboldt (Kosmos, 1. Band, Stuttgart und Augsburg 1845, S. 190): »Wie man magnetische Pole die Punkte der Erdoberfläche nennt, wo die horizontale Kraft verschwindet, und diesen Punkten mehr Wichtigkeit zuschreibt, als ihnen eigentlich zukommt, so wird...«

keineswegs geschmälert werden, und man kann ihm den berechtigten Stolz nachfühlen, der sich in seinem Bildnisse ausspricht: er ist hier dargestellt, wie er die eine Cirkelspitze auf den nördlichen Magnetpol einer Erdkugel setzt.

An Mercator schließt sich direct jene Reihe wackerer britischer Forscher an, deren ältesten wir in Norman bereits kennen zu lernen hatten. Thomas Harriot, der auch von den Geschichtschreibern der Astronomie und Algebra mit Ehren genannte Reisende, Robert Hues, der ein »Breviarium totius orbis« verfasste, Eduard Wright, Abraham Kendall u. a. brachten reiches Beobachtungs-Material von ihren Seefahrten mit, William Barlowe trat als sachkundiger Schriftsteller über Magnetismus auf,[1]) und William Borough's Name leitet die Geschichte der magnetischen Curven ein.[2]) Mit freundlicher Anerkennung gedenkt aller dieser Männer der über ihnen allen, jedoch zugleich auch großentheils auf deren Schultern stand, William Gilbert, dessen uns bereits bekanntes Fundamentalwerk jenem Theile der Physik, den man nachmals die Lehre von den imponderablen Flüssigkeiten zu nennen beliebt hat, erst die exacte Grundlage verlieh. Kepler hat dieses Buch so sorgfältig wie nur irgend ein anderes studiert und allgemach dessen ganzen Inhalt in sich aufgenommen, und eine kurze Inhaltsangabe wird deshalb gewiss hier am Platze sein.[3]) Von sonstigen

---

[1]) Barlowe, Magneticall advertissements on diverso pertinent observations and approved experiments concerning the nature and property of the loadstone: very pleasant for knowledge, and most needful in practice, of travelling, or for the framing of instruments fit for travellers both by sea and land, neu herausgegeben von Sturgeon, London 1843. Dort (S. VII) findet sich auch ein merkwürdiger Brief Gilbert's an Barlowe, auf den wir weiter oben bereits anspielten. Es sei, so meldet der Briefsteller, eben ein Gesandter der Republik Venedig nach London gekommen, der habe ihm, Gilbert, ein Schreiben des gelehrten Nobile Johannes Franciscus Sagredus überbracht. »He is a great Magneticall man, and writeth, that hee hath confered wirth divers learned men of Venice, and with the Readers of Padua, and reporteth wonderfull liking of my booke, you shall have a coppy of the letter.«

[2]) Poggendorff, Gesch. d. Phys., S. 274. »In der dritten Auflage des Norman'schen Werkes, die einige Jahre nach 1580 erschien, gab ein gewisser William Burroughs« — der Name ist entstellt — »Controleur bei der englischen Marine, ein Verzeichnis der damals bekannten Abweichungen für verschiedene Puncte der Erdoberfläche heraus und machte zugleich, was bemerkenswerth ist, den Versuch, die Declination an verschiedenen Orten durch eine Formel auszudrücken.« Nach Kircher (Magnes sive de arte magnetica opus tripartitum, Köln 1643. S. 443 ff.), der übrigens aus dem Engländer Borough einen Portugiesen Burrus gemacht hat, gieng letzterer auch schon dazu über, Punkte gleicher Missweisung durch Curvenzüge, »lineae chalyboeliticae« ($\chi\acute{\alpha}\lambda\upsilon\psi$ oder $\chi\acute{\alpha}\lambda\upsilon\beta\varsigma$, der Stahl) mit einander in Verbindung zu setzen, und er sich von solchen Diagrammen Vortheile für das Problem der Meereslänge versprach.

[3]) Die »Physiologia Nova« beginnt mit detaillierten literargeschichtlichen Erörterungen, worin insbesondere die rein naturphilosophischen Betrachtungen eines Marsilius Ficinus, Levinus Lemnius, Theophrastus Paracelsus, Fracantor u. a. ziemlich scharfer Kritik unterzogen werden; was der heilige Thomas vom Magnetismus sage (s. o.), sei dagegen gar nicht übel, und als geübter Denker sei derselbe zu positiven Leistungen befähigt gewesen, freilich nur in dem Falle, »si in magneticis experimentis fuisset versatus«. Auch Pierre de Maricourt und Taisnier (s. o.) kennt Gilbert. Sehr schlecht kommen jene Autoren weg, welche die erdmagnetische Richtkraft durch Magnetberge erklären wollten (»somniantes sibi polos magneticos, et rupes ingentes, a telluris polis alienos«). Nachdem der Magnet als solcher gründlich abgehandelt ist, leitet Capitel XVII zum Erdmagnetismus über: »Quod globus terrae sit magneticus, et magnes, et quomodo apud nos magnes lapis telluris vires primarias omnes habeat, tellus vero iisdem potentiis in mundo directione certa constet.« Um die in diesen Worten angedeutete Analogie zwischen Magnet und Erde zu klarem Ausdrucke zu bringen, verfertigte Gilbert jenen kugelförmigen

zeitgenössischen Schriftstellern über Magnetismus hat Kepler nur wenige
gekannt, deren Namen theils schon genannt wurden, theils noch zu
nennen sein werden; die bedeutenderen Arbeiten Kircher's (s. o.),
Gellibrand's[1]) und Cabeo's[2]) kamen erst an's Licht, nachdem der
große Astronom schon die Augen geschlossen hatte. Und so ist denn
unsere erste Pflicht erfüllt, der Leser mit dem Boden bekannt gemacht,
auf welchen Kepler zu treten hatte, wenn er die eigene Kraft an den
Räthseln des tellurischen Magnetismus zu erproben gedachte.

Stahlmagneten, welchem er den noch heutigen Tages gebräuchlichen Namen Terrelle
beilegte. Wäre nun, so schließt er weiter aus den Versuchen mit dieser Kugel, die
Erde eine ebensolche homogene, von ganz gleichförmiger Oberfläche umschlossene
Masse, so würde die Magnetnadel allerorts nach dem Pole sich wenden, und es gäbe
keinen Unterschied zwischen magnetischen und kinematischen Polen; die wechselnde
Bedeckung der Erde mit Flüssigem und Festem, der Gegensatz von Berg und Thal
bedinge die Abweichung der magnetischen von den geometrischen Meridianen (a. a.
O., S. 139 ff.). Das Wasser wirkt nach Gilbert minder stark auf den Magneten als
das Festland, und so stellt sich die Nadel jedesmal in einer gewissen Diagonale zu
den benachbarten Meeres- und Landmassen ein. Zur besseren Begründung dient eine
künstlich mit Höhlungen und Erhabenheiten versehene Eisenkugel, an welcher eine
Magnetnadel hin- und hergeführt wird. Unter solchen Umständen ist natürlich
(a. a. O., S. 159) die These gerechtfertigt: »Variatio uniuscujusque loci constans est.«
Gleichwohl lasse sich nicht, wie Porta und andere wollten, die geographische Länge
auf dem Meere bloß mittelst des Compasses finden, da von einem Gesetze, nach
welchem die Missweisung variiere, nichts bekannt sei und, mit Hinblick auf die rein
locale Ursache der Declination, auch nichts bekannt sein könne. Was wir Neueren
Declination nennen, heißt bei Gilbert »Variation«, unsere Inclination aber kennt er
als »Declination«, und es muss deshalb bei der Lectüre des Buches immer auf den
richtigen Sinn der Kunstwörter gesehen werden. Die Neigung zu messen, wird das
bekannte Instrument — getheilter Verticalkreis, um dessen horizontale Achse die
Nadel frei spielen kann — angegeben; eventuell soll man die Nadel durch einen
specifisch leichten Körper hindurchstecken und so in's Wasser werfen (S. 170 ff.).
Zuletzt wird (S. 224) die Achsendrehung der Erde auf die magnetische Kraft der
Sonne zurückgeführt: »Sol (praecipuus in ¹ dura auctor) ut erronum promovet
cursus« — Gilbert ist überzeugter Coppernicaner — »sic hanc telluris conversionem
incitat, virtutibus orbium effusis, et lumine.« Gilbert's Conception des Attractions-
begriffes ist eine für seine Zeit ganz außerordentlich klare; dies erkennt rühmend
auch Lasswitz an (Die Lehre von den Elementen während des Überganges von
der scholastischen Physik zur Corpusculartheorie, Gotha 1882. S. 12 ff.).

¹) Gellibrand wies als der erste die vor ihm höchstens dunkel geahnte Ver-
änderlichkeit der Declination mit der Zeit bestimmt nach (A Discourse mathematical
on the variation of the magnetic needle, London 1635).

²) Poggendorff, Gesch. d. Phys., S. 286. Die »Philosophia magnetica« des
Cabeo (Ferrara 1639) muss wenigstens als eine gute Zusammenfassung des ganzen
damaligen Wissens von magnetischen Dingen anerkannt werden.

ZWEITER ABSCHNITT.

Kepler's Studien über die erdmagnetischen Elemente und über die Lage der Magnetpole.

Es ist bekannt, dass Kepler's erste bedeutende Arbeit, das »Geheimnis des Weltbaus«, von Graz ausgieng, wo der noch sehr jugendliche Gelehrte die Stelle eines Lehrers der Moral und Mathematik am ständischen Gymnasium bekleidete. Hier in Graz war es auch, wo zuerst sich das Interesse des geistvollen, für alle Theile der Naturwissenschaft begeisterten Mannes der Lehre vom Erdmagnetismus zuwendete. Es wird sich empfehlen, bei der Schilderung der einzelnen Stadien, welche Kepler's Erkenntnis durchlief, den chronologischen Gang einzuhalten, weil es äußerst belehrend ist, zu sehen, wie sich allmählich von einem ziemlich primitiven Standpunkte aus des Forschers Geist zu immer klarerer Auffassung durchringt. Coppernicus und Newton haben uns so gut wie gar keine Andeutungen über den Weg hinterlassen, auf welchem sie, sicherlich doch auch nur stufenweise, zu ihren großen Entdeckungen gelangt sind. Kepler dagegen trägt das Herz immer auf der Zunge und lässt die Leser seiner Werke — ganz besonders aber seiner Correspondenz [1]) — an der reinen Freude theilnehmen, welche er bei jeder Etappe in der Erforschung der Wahrheit empfindet, wie er auch andererseits Irrthümer gerne eingesteht und mit Humor selbst aufdeckt. Gerade diese Eigenart Kepler's macht das Studium seiner Geistesarbeit zu einem überaus anregenden und belohnenden, mögen es auch oft sehr gewundene und verschlungene Pfade sein, denen man sich genöthigt sieht zu folgen.

Bis zum Jahre 1596 scheint Kepler sich um den Magnetismus, der ihn später so angelegentlich beschäftigen sollte, so gut wie gar

---

[1]) Einen erheblichen Theil des ungemein verzweigten Kepler'schen Briefwechsels gab zuerst Hansch heraus (Operum Joannis Kepleri tomus I, Frankfurt a. M. 1718). Einen Nachtrag hiezu lieferten Schrank (Sammlung physikalischer und naturhistorischer Aufsätze, Nürnberg 1796) und Eilles (J. Kepleri Epistolae selectae, München 1839). Alle diese älteren Sammlungen wurden überflüssig durch die vorzügliche Ausgabe der Kepler'schen Gesammtwerke, welche Frisch besorgt hat; in ihr sind sowohl die an Kepler gerichteten Briefe (theilweise allerdings nicht vollinhaltlich) als auch die Antworten enthalten. Nur sehr wenige Schriftstücke waren dem Sammeleifer des Stuttgarter Kepler-Forschers entgangen, zufällig allerdings die für diese Arbeit wichtigsten; sie wurden erst unlängst auf der Münchener Hof- und Staatsbibliothek entdeckt und von dem Finder nebst einem sehr gelehrten Commentare veröffentlicht (P. Anschütz, ungedruckte wissenschaftliche Correspondenz zwischen Johann Kepler und Herwart von Hohenburg, Prag 1886).

nicht bekümmert und auch nur eine ganz oberflächliche Kenntnis von diesem Zweige der Physik besessen zu haben. Das scheint hervorzugehen aus dem Briefe, mit welchem er einen unterm 10. März genannten Jahres von Herwart v. Hohenburg [1]) erhaltenen Brief beantwortete; es lautet die uns hier berührende Stelle wie folgt [2]): »Es schreibt mir ein guter Freund, und bittet mich gar hoch, Ihme zu erkundigen, ob und wie weit, oder vielmehr quanto angulo acus nautica magnete illita von dem polo mundi an einem oder mehr orten, cujus loci longitudo et latitudo sit cognita, auf die Seiten ausschlage oder incliniere. [3]) Da dem Herrn derowegen etwas zu Gemüth fiele, bitte ich mich dessen zu berichten.« Eine Nachschrift besagt, dass dem Briefsteller diese Thatsache umso verwunderlicher vorgekommen sei, da ja in Medina's Schifffahrtskunde — man vergleiche die im ersten Abschnitte gemachten Bemerkungen über dieses Machwerk — ausdrücklich die Rechtweisung der Nadel verkündet werde. Kepler antwortet sofort und bekennt zunächst, dass sein Wissen von diesen Sachen noch ein sehr junges sei; vor zwei Jahren (1596) sei er bei der Reise von der schwäbischen Heimat nach Steiermark durch München gekommen, habe sich da in den herzoglichen Sammlungen die schönen Globen Philipp Apian's angesehen und bei dieser Gelegenheit von dem ihn führenden Custos erfahren, dass es eine magnetische Declination gäbe und dass man mit deren Hilfe die Länge auf dem Meere zu finden hoffen dürfe. So glaube er denn, dass Medina's Ausspruch ein durchaus trügerischer sei. Schon die kleinen Compasse der Italiener wiesen ja deutlich eine Ablenkung der Nadel auf, und ganz deutlich trete eine solche auch bei den Fahrten der »Belgae« in's nördliche Eismeer und an die Ob-Mündung hervor. Er kenne denn auch eine von Gerhard Mercator angefertigte Karte »cum gemina poli magnetis notatione« (s. o.) Und nun erhebt sich Kepler zu einer Induction, die leider nicht richtig ist, aber deutlich jene Kühnheit des Gedankenganges verräth, welche überhaupt für das Jugendalter des Reformators der Sternkunde bezeichnend ist: er will, Mercator's Diagramm zu grunde legend, für jeden Ort auf der Erde den Declinationswinkel direct berechnen. Und in dieser Art darf er dies Wagnis auch als berechtigt ansehen, da er ja mit Mercator es als ausgemacht ansieht, dass dem größten Kugelkreise, dessen geradlinige Tangente die Magnetnadel bildet, der Magnetpol selbst angehören müsse. »Quodsi polus magneticus certo deprehensus esset, facile esset negotium ex doctrina triangulorum colligendi vel declinationem magnetis ex data longitudine et latitudine, vel loci longitudinem ex data latitudine et declinatione magnetis.« Der Irrthum des Spaniers sei übrigens begreiflich, denn die Lage des magnetischen Nordpoles sei eben eine solche, dass, wenn man von einem Punkte des Atlantik oder der brasilianischen Küste Linien nach dem geometrischen wie nach dem magnetischen Pole ziehe, diese Linien nur einen ganz kleinen Winkel mit einander einschlößen, und diesen haben eben die Gewährsmänner des

---

[1] v. Herwart (richtiger Hörwarth) stammte aus einer Augsburger Patricierfamilie und war Maximilians I. von Bayern einflussreicher Kanzler, dabei aber Freund und Mäcen der Wissenschaften. Er beschäftigte sich eifrig mit Naturkunde, mit Arithmetik und Chronologie, und insbesondere in diesem letztern Fache erwies sich ihm Kepler als ein allzeit dienstwilliger Berather.
[2] Kepleri Opera Omnia, ed. Frisch (künftig immer durch K. O. O. bezeichnet), Vol. II, Erlangen und Frankfurt a. M. 1859, S. 812.
[3] Man sieht, dass hier »Inclination« statt des uns geläufigen Terminus Declination gebraucht wird. Doch hat Herwart an der hier verwendeten Bezeichnung späterhin nicht consequent festgehalten.

Medina gar nicht bemerkt. Allerdings entsinne er, Kepler, sich auch, früher einmal in Zwinger's »Theatrum« gelesen zu haben, dass man beim Passieren der Linie sich gar nicht mehr auf die Nadel verlassen könne, und bei so wenig übereinstimmenden Nachrichten halte er sich zu einer befriedigenden Antwort auf Herwart's Anfrage für nicht befähigt. Es komme dazu, dass er in den mathematischen Disciplinen sich noch nicht so ganz heimisch fühle und bei der vielen Zeit, welche ihm hier in Graz durch zwecklose astrologische Beschäftigungen absorbiert werde, nicht nach Wunsch auf der Höhe des literarischen Fortschrittes bleiben könne. Gleichwohl erkläre er sich bereit, ein Beispiel seiner Berechnungsweise zu geben.[1]

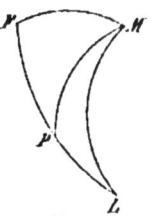

Fig. 3.

---

[1] A. a. O., S. 813. In Fig. 3 stelle M den Magnetpol, P den Umdrehungspol, L einen beliebigen Erdort vor und es sei das sphärische Dreieck MPL construirt. In ihm ist bekannt $PL = 90° - \beta_1$, wenn β_1 die Breite von L bedeutet, $MP = 90° - \beta_2$, wenn β_2 die Breite von M bedeutet, und $\angle LPM = \lambda_2 - \lambda_1$, wenn λ die entsprechende Bedeutung für die geographischen Längen besitzt. Der $\angle MLP = \delta$ stellt die Declination in L dar. Kepler muss, um diesen Winkel zu finden, viele Zwischenrechnungen machen, denn noch kannte damals die Raumtrigonometrie bloß Formeln für rechtwinkelige Dreiecke — erst L. Euler gab dieser Disciplin die uns heute so natürlich erscheinende Gestalt — und der Calcul selbst hatte sich in einer streng vorgeschriebenen Form zu vollziehen, für welche nun jene Zeit Tycho Brahe die Directiven gab (vgl. Tychonis Brahe Triangulorum planorum et sphaericorum praxis arithmetica, ed. Studnička, Prag 1886). Im vorliegenden Falle wird $\angle MPL$ als stumpf betrachtet; das von M auf PL gefällte sphärische Loth MF kommt also außerhalb des Dreieckes zu liegen. Zunächst wird MF nach der Formel $\sin MF = \cos \beta_2 \sin(\lambda_2 - \lambda_1)$ berechnet (inventum I nach Brahe), sodann folgt PF, weil $\cos PF = \dfrac{\sin \beta_2}{\cos MF}$ ist (inventum II), und nun ist auch $FL = PF + 90° - \beta_1$ bekannt (inventum III). Da nun FL als bekannt vorausgesetzt werden kann, so ist schließlich auch δ durch die Gleichung $tg \delta = \dfrac{tg MF}{\cos FL}$ bestimmt. Da die Rechnung mit Logarithmen in jener Zeit noch nicht bekannt war (Napier's erste Publication darüber erschien 1614), so setzte eine solche Dreiecksauflösung immer eine ziemliche Ausdauer des Rechners voraus. Kepler setzte nach Mercator $\beta_1 = 73°30'$, $\lambda_1 = 178°$; den Punkt L identificierte er mit München und gab ihm die Coordinaten $\beta_1 = 48°$ (sehr summarisch), $\lambda_2 = 33°48'$. Er fand $\delta = 11°33'$, sehr genau für seine Verhältnisse. Besserer Uebersicht halber setzen wir die Rechnung her, welche heutzutage als die am schnellsten zum Ziele führende zu betrachten wäre:

$$\cos x = \cos ML = \dfrac{\cos(42° + \varphi)\cos 16°30'}{\cos \varphi}:$$

$\log tg\ 16°30' = 9.47160 - 10$
$+ \log \cos 35°48' = 9.90896 - 10$
$\overline{\log tg\ \varphi = 9.38056 - 10}$
$\varphi = 13°30'33''$
$42° + \varphi = 55°30'33''$;

$tg\ \varphi = tg\ 16°30' \cdot \cos 35°48'$;
$\log \cos 42° + \varphi = 9.75303 - 10$
$+ \log \cos 16°30' = 9.98171 - 10$
$\overline{\qquad = 9.73477 - 10}$
$- \log \cos \varphi = 9.98781 - 10$
$\overline{\log \cos x = 9.74696 - 10};$

$x = 56°3'13''$;

$\log \sin(\lambda_2 - \lambda_1) = 9.76712 - 10$
$+ \log \cos \beta_2 = 9.45334 - 10$
$\overline{\qquad = 9.22046 - 10}$
$- \log \sin x = 9.91885 - 10$
$\overline{\log \sin \delta = 9.30161 - 10}$
$\delta = 11°33'10''$.

Kepler's Werth für die Münchener Declination im Jahre 1598 ist somit nur um den sechsten Theil einer Bogenminute zu klein, und wenn, was wir freilich beim Mangel genauerer Nachrichten nicht wissen, dieser Werth mit der Wahrheit wohl nicht besonders stimmte, so lag die Discrepanz lediglich in dem sehr wenig sicheren Fundamente der Berechnung.

Im weitern Verlaufe seines Briefes geht Kepler auf die Frage ein, ob die Magnetnadel ihre Richtung durch irgend einen Punkt am Himmel oder bloß durch rein terrestrische Kräfte angewiesen erhalte, auf eine Frage also, welche seit mehr denn einem Jahrhunderte, wie wir uns im ersten Abschnitte zu überzeugen Gelegenheit hatten, die Fachmänner in Athem erhielt. Theoretisch äußert er sich über den Sachverhalt gar nicht, wohl aber will er die Entscheidung durch den Versuch herbeiführen, und indem er diesen Versuch, wie er sich ihn ausgedacht hat, beschreibt, fördert er so gesunde Gedanken zutage, dass man wohl auf diese Stellen des Schreibens das Wort »ex ungue leonem« anwenden kann. Seine Darlegung ist diese (Fig. 4): »Porro disputat Scaliger[1]) et Cardanus, quorsum vergat magnes, num ad polarem, an ad montes sub polo? Incidit mihi experimentum capiendi modus. Fiat ex quavis materia praeter ferream circulus aequalissimus, in certo puncto circumferentiae ad centrum usque perforatus.

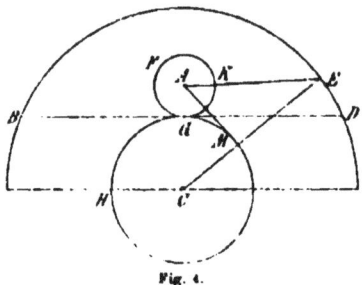

Fig. 4.

In id foramen immitatur lingula ferrea magnete rite illinenda, sed in foramine libere pendens praeterquam in radice ad centrum. Ibi enim figatur lingula. Prius autem quam illinatur magnete tam diu aequetur circulus, donec (super axe erectus) quomodocumque positus consistat nec una pars magis quam altera deorsum tendat. Hoc sic parato affricetur lingula magnete et erigatur circulus super axe suo ita, ut cum meridiano (seu magis cum illo verticali, qui per polum magnetis transit) coincidat. Et pars, in qua est lingula, advolvatur septentrioni. Existimo namque, si magnes ad stellam vergat, sursum a linea horizontali spectaturam lingulam, sin ad montes deorsum. Ut si GHM sit Terra, BD horizon, CME axis mundi, E polus in coelo, M polus in Terra, FG circulus magneticus. Ergo si magnes ducit ad polum coeli, lingula ferrea habebit situm AK, versus E: sin autem tendit ad polum Terrae, situs lingulae erit AL, versus M.«

Prüfen wir diesen Passus eingehend, so bemerken wir zuerst, dass Kepler mit Schärfe den Begriff des »circulus magneticus«, des magnetischen Meridians, definiert hat, mit größerer Präcision sogar, als dies bei Mercator geschehen ist. Aber es ist auch zweitens einleuchtend, dass vorstehend eine Beschreibung des Inclinatoriums und eine Anweisung zum Gebrauche dieses Instrumentes gegeben ist, deren jede ihren Zweck vollständig erfüllt.[2]) Ein getheilter Kreis wird vertical gestellt, am höchsten Punkte ist der Limbus durchbohrt, und durch diese

---

[1]) Wir wissen nicht anzugeben, worauf Kepler mit diesem Citate abzielt. Doch liegt die Vermuthung nahe, dass des älteren (Julius Caesar) Scaliger »Exotericarum exercitationum liber quintus decimus de subtilitate ad Hieronymum Cardanum« (Paris 1557) gemeint ist.

[2]) Wir fürchten nicht, dass man Kepler's Vorgehen in dieser Angelegenheit etwa nicht höher schätzen wollte, als dasjenige des Affaytatus, von dem oben einiges beigebracht ist. Freilich gieng ersterer von derselben unrichtigen Prämisse aus, allein seine Messungsmethode ist von derselben absolut unabhängig und weit über das enggesteckte Ziel hinaus verwendbar, welches allerdings zunächst ins Auge gefasst war.

Öffnung geht vertical ein Faden herab, an welchem ein Stahlstäbchen so befestigt ist, dass dessen Schwerpunkt sich gerade im Centrum des Kreises befindet. Der Stab ist zunächst noch unmagnetisch, muss sich folglich horizontal einstellen, und in dieser Lage wird er durch das — damals allein bekannte — einfache Strichverfahren so mit Magnetismus gesättigt, dass die Richtkraft, mag dieselbe nun in den Sternen oder auf der Erde ihren eigentlichen Sitz haben, ihre Wirkung bethätigen kann. An der Kreistheilung kann die Neigung gegen den Horizont unmittelbar abgelesen werden, wir haben es also mit einer wirklichen Inclinations-Boussole zu thun. Welch' richtiges Gefühl verräth aber Kepler auch noch durch die Vorschrift, dass die Kreisebene im Momente der Messung die Stellung des magnetischen Meridians erhalten müsse! Gegenwärtig wissen wir, dass die wahre Inclination ein Minimum allen den Neigungen gegenüber darstellt, welche beim Messen des Winkels in irgendwelchen anderen Verticalebenen erhalten werden,[1] allein diese Thatsache war Vielen im XVI. und XVII. Jahrhundert noch unbekannt, und eben weil sie nicht bekannt war, erhielten einzelne Beobachter — man denke an Hartmann — so sehr unrichtige Zahlen für die Inclination.

Kurz, wenn wir all' das Gesagte zusammenhalten, dürfen wir uns wohl zu der Aufstellung der nachfolgenden These berechtigt glauben:

Noch vor dem Erscheinen des Gilbert'schen Werkes hat Kepler, ohne allerdings über die Inclination völlig im Klaren zu sein, gleichwohl ein durchaus zweckentsprechendes Inclinatorium angegeben und zugleich die fundamentale Bestimmung hinzugefügt, dass dessen Kreis in die Ebene des magnetischen Meridianes fallen müsse.

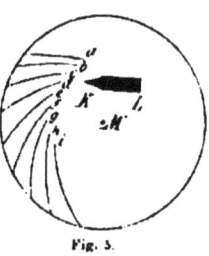

Fig. 5.

Unmittelbar nachher kommt Kepler auf die von Gilbert (s. o.) so herb verurtheilten Versuche, ein magnetisches Perpetuum mobile herzustellen, zu sprechen. Auch sein Gutachten fällt ablehnend aus.[2]

Wenn man in der Ausgabe von Frisch den Entwicklungsgang, den Kepler's erdmagnetische Studien genommen haben, verfolgen will, so sieht man sich an der Stelle, bis zu welcher wir jetzt vorgedrungen

---

[1] Der Lehrsatz tg i = tg I : cos d, wo I die wirkliche Neigung, i die in einer mit dem magnetischen Meridiane den Winkel d bildenden Verticalebene gemessene Neigung bedeutet, ist zuerst von Daniel Bernoulli bewiesen worden (Sur la meilleure manière de construire les boussoles d'inclinaison, Mém. de l'ac. roy. de Paris, 1743. Da cos d < 1 ist, so hat man tg I < tg i und somach auch immer I < i.

[2] Es wird zunächst von dem uns nicht unbekannten Werke des Taisnier gesprochen, welchem zufolge die Beziehungen zwischen dem Magneten und dem Himmelsgewölbe sich nicht auf des letztern Pol beschränken sollten; vielmehr wäre nach Taisnier anzunehmen, dass eine — modern gesprochen — parallatisch montierte Stahlkugel, nachdem sie magnetisiert worden, ganz von selbst an der scheinbaren Umdrehung der Himmelskugel theil nehmen müsse. »Sed hace existimo diei sine experimento. Idem alio modo ex continua ferri attractione motum continuum confici existimat.« Vgl. hiezu Fig. 5. »Ut si circulus argenteus sit erectus super M centro et axe, habens undequaque claviculos ferreos a, b, c, d etc. Magnes vero LK trahens in K. Hinc circulum existimat attracturum clavum g ferreum, donec fiat ipsi K proximus; post g tracturum h, deinde i, et sic consequenter. Verum non animadvertit homo, eodem jure tractuurum a, b, c, d retrorsum, imo retenturum id punctum, quod qualibet manu ipsi proxime fuerit advoluturum, cujus modi est jam c, et sic immobilem permansurum circulum.« Herwart möge übrigens auf der Münchener Kunstkammer nachsehen, ob nicht ein solches Spielzeug dort verhanden sei.

sind, vor einer Lücke, deren Ausfüllung eben das Verdienst der oben namhaft gemachten Veröffentlichung von Anschütz ist. Auf den zuletzt erwähnten Brief von Kepler antwortete nämlich Herwart in einem schon von jeher bekannten Schreiben (15. October 1598), worin aber des Magnetismus gar nicht gedacht wird, und erst im Spätjahre 1599 schien die Correspondenz wieder in ihren regelmäßigen Gang zu gerathen. Gerade in diese Zwischenzeit nun fallen die von Anschütz der Vergessenheit entrissenen Urkunden.

Die erste derselben, ein am 9. April 1599 begonnener und am folgenden Tage zum Abschlusse gebrachter Brief, ist wesentlich chronologischen Inhaltes, doch ist ihm ein ziemlich umfangreiches Postscript angehängt, aus welchem erhellt, dass der Schreiber in der zwischenliegenden Zeit eifrig mit der Vervollkommnung seines Wissens von der magnetischen Declination beschäftigt war. »Si M. T.,« so schreibt er,[1] »quid novit de declinatione magnetis in Lusitania, rogo obnixe mihi communicet. Edita est historia hybernationis Bataviae in septentrione, quae rem magneticam multo illustrare potest, modo, quae antea scire nobis videmur, non penitus tollat. Ponit enim angulum declinationis non majorem quam 26, et alibi 17, quem ego contendo esse debere 62 et 71 inversis elementis, nisi in Mercatore ex arcu declinationis polorum 16° 30' placeat 6° 30' facere. Ego si scirem, in Lusitania declinationem nullam esse, dicerem, vergere magnetem ad id punctum terrae, quod in creatione ante motum terrae conciliatum sub polo Zodiaci fuerit: ut sic esset distantia loci magnetici a polo 23° 28'.«

Man ersieht aus dieser Stelle, dass die Beschäftigung mit der ersten Überwinterung der Holländer auf Nowaja Semlja Kepler's Forschungen über die Geheimnisse des tellurischen Magnetismus einen neuen Anstoß gegeben hatte. Das Buch, aus welchem er seine positiven Kenntnisse geschöpft hatte, war das bekannte Geschichtswerk des Gerrit de Veer,[2] durch welches die Schicksale eines Barentz und Heemskerck zuerst einem größeren Publicum zugänglich gemacht wurden.[3] Es ist nun als ein wichtiger Umstand sofort zu betonen, dass der naturphilosophische Zug, der Kepler nie verlässt, ihm für seine geistvollen Aperçus häufig den mächtigsten Vorschub leistet, hin und wieder ihm aber auch einen Strich durch eine nach den strengen Regeln der inductiven Logik augestellte Rechnung macht, mit einer Entschiedenheit hervortritt, wie nicht leicht bei einer zweiten Gelegenheit. Da die Messungen der Niederländer nicht stimmen wollen zu seinen eigenen Ansichten über die Lage der Pole

---

[1] Anschütz, Ungedr. wissensch. Corresp., S. 28. Was dort im Drucke besonders hervorgehoben wurde, ist auch hier gesperrt gesetzt.

[2] Die »Historia navigationis in arctum« (genauer Titel: Diarium nauticum, seu vera descriptio trium navigationum admirandarum, auctore Gerardo de Veer, Amstelradamense, Amsterdam 1598) des De Veer, eines nach Peschel (Gesch. d. Erdkunde, S. 439) durch scharfsinnige zoogeographische Bemerkungen sich auszeichnenden Schriftstellers, war 1598 ausgegeben worden und sonach mit einer für die damaligen buchhändlerischen Verhältnisse fast überraschenden Schnelligkeit in Kepler's Hände gelangt. Beke hat von diesem Werke (London 1853) eine neue kritische Ausgabe veranstaltet. Die von den Holländern mitgebrachten magnetischen Beobachtungen waren die ersten, welche man aus diesem Theile des nördlichen Polarmeeres erhielt.

[3] Wie Anschütz vermuthet, hatte Kepler sein Exemplar der Reisebeschreibung De Geer's von einem gewissen Zehentmayr erhalten, welcher als Secretär in den Diensten des Freiherrn v. Herberstein stand (a. a. O., S. 87). Hinsichtlich der Person dieses letztern scheint jedoch bei Anschütz ein Versehen

so müssen entweder die von ihnen angegeben Zahlen corrigiert werden — und die angebrachten Correcturen sind gehörig einschneidend — oder aber die Ortsbestimmung, die Mercator für den magnetischen Nordpol gegeben hat, ist eine falsche.[1]) Nun trafen ja beide Annahmen bis zu einem gewissen Grade das Richtige,[2]) allein es ist doch auffallend, dass ein Gefühl der Unsicherheit über die von ihm selbst hinsichtlich der Berechnung der Declination (s. o.) befolgte Methode sich bei Kepler gar nicht eingestellt zu haben scheint. Er wähnte eben damals noch, im jugendlichen Feuereifer, von der Studierstube aus der Natur ihre Gesetze vorschreiben zu können; später werden wir sehen, dass diese Hoffnungsseligkeit ihn gänzlich verließ, ja sogar sich in einen gleichfalls übertriebenen Pessimismus verwandelte.

Wenn wir die oben mitgetheilten Worte Kepler's näher in Augenschein nehmen, so bemerken wir, dass seine Ansicht über den Ort des Magnetpoles aus einem gewissen kosmogonischen Systeme entsprang, welches er sich selbst gebildet hatte. Als Gott die Erde schuf, so ließe sich der Kernpunkt dieses Systemes etwa kennzeichnen, stand die Erde still; Gott ertheilte ihr den Rotationsimpuls, und in diesem Augenblicke fiel der magnetische Pol mit dem kinematischen zusammen. Ebenso stand die Umdrehungsachse der Erdkugel damals senkrecht auf der Ebene, in welcher der Schwerpunkt ersterer seine Kreisbahn um die Sonne beschreiben sollte, es gab keinen Gegensatz der Jahreszeiten zwischen den einzelnen Theilen der Erdoberfläche, wie sich das für ein paradiesisches Zeitalter eigentlich von selbst versteht. Mehr und mehr jedoch neigte sich später die Erdachse gegen die Bahnebene, es entstand eine stetig wachsende Schiefe der Ekliptik, und um denselben Bogenbetrag, um welchen diese Schiefe zunahm, rückten Magnetpol und Umdrehungspol auseinander. Die Neigung des Erdäquators gegen die scheinbare

---

vorgekommen zu sein, denn es wird gesagt, dass er sich an den Bestrebungen für die Auffindung der nordöstlichen Durchfahrt betheiligt habe. Damit kann nur der wackere Geograph Russlands, Sigismund v. Herberstein, gemeint sein, der 1486 geboren wurde, und dessen Beamter müsste im Jahre 1599 doch unter allen Umständen schon ein hochbetagter Greis gewesen sein. Wahrscheinlich war Zehentmayr bei einem Sohne oder Neffen des trefflichen Reiseschriftstellers bedienstet. Wenn übrigens Kepler zu einer viel späteren Zeit, (K. O. O., Vol. VIII, S. 714) den Ausspruch thut, »Mense Martio anni 99, ex lectione Navigationis Batavicae incidi in contemplationem declinationis magneticae, so war ihm sein Gedächtnis nicht ganz treu, denn wir wissen ja, dass er seinen ersten Versuch, die Missweisung a priori zu bestimmen, schon ein Jahr vor dem Bekanntwerden mit dem Reiseberichte De Geer's unternommen hatte.

[1]) Die Karte, auf welche sich Kepler bei seinen magnetischen Calculationen stützte, hatte sich derselbe 1596 in Stuttgart gekauft. Wir dürfen sicher sein, dass sich dieselbe höchstens in ganz untergeordneten Details von jener unterschied, welche unsere Fig. 2 (s. o.) zur Darstellung bringt.

[2]) Unsere Muthmaßung, dass die holländischen Declinations-Bestimmungen auch noch über die durch die primitive Messungsmethode bedingte Maß hinaus mit Fehlern behaftet gewesen sein dürfte, gründet sich auf zweierlei Erwägungen. Erstlich wusste man noch nicht, wie ungemein stark sich da und dort die Erscheinungen des localen Gesteinsmagnetismus bemerklich machen; vgl. Zirkel, Lehrbuch der Petrographie, 1. Band, Bonn 1866, S. 428 ff.; E. Naumann, Die Erscheinungen des Erdmagnetismus in ihrer Abhängigkeit der Erdrinde, Stuttgart 1887, S. 60 ff.; P. Keller, Sulle rocche magnetiche die Rocca di Papa. Atti della Reale Accademia dei Lincei, 1885, S. 428 ff. Dass aber gerade auf Spitzbergen die dort häufigen Hyperithbänke die Magnetnadel oft weit entschiedener als der Erdmagnetismus beeinflussen, bezeugt ausdrücklich v. Heuglin (Reisen nach dem Polarmeere in den Jahren 1870 und 1871, Braunschweig 1872, S. 111, S. 170). Zum zweiten aber machen auch die nicht seltenen Nordlichter, wovon Barentz's Genossen auch noch nichts wissen konnten, als magnetische Ungewitter (Humboldt, Kosmos, 1. Band, S. 204 ff.) Beobachtungen mit der Boussole zu Zeiten sehr unsicher.

Sonnenbahn schätzte man zu Kepler's Zeit auf 23°38', und ebenso weit musste demnach, wenn die ganze Hypothese eine harmonische sein sollte, der Magnetpol vom geometrischen Pole entfernt sein. Wohlgemerkt aber war dieser letztere das bewegliche Element, denn die Magnetnadel zeigte ja nach Kepler unverrückt nach jenem Orte, an welchem im Beginne der Weltschöpfung die Coincidenz beider Pole stattgefunden hatte, und wenn also der Punkt, auf welchen die Polhöhen, identisch mit den geographischen Breiten, seine Lage auf der Erde und am Himmel veränderte, so musste sich diese Ortsveränderung auch in einer säcularen Vergrößerung, respective Verkleinerung der Breiten, offenbaren. Dass aber eine solche chronische Veränderung der einen geographischen Coordinate eine Thatsache sei, davon war Kepler ganz durchdrungen. Der dritte der von Anschütz publicierten Briefe wird uns die Pflicht auferlegen, diesem sonderbaren Geistesgespinnste des großen Astronomen nochmals näher zu treten.

Der zweite dieser Briefe ist vom 30. Mai 1599 datiert.[1]) Aufs neue erkundigt sich Kepler bei seinem Gönner, ob er ihm nicht aus spanischen Quellen neue Declinations-Beobachtungen mitzutheilen vermöge. Dieser Gegenstand übe auf ihn eine mächtige Anziehungskraft aus, obwohl die unter sich so schlecht stimmenden Angaben der holländischen Seefahrer den Forscher fast entmuthigen könnten. Auf zwei einander benachbarten Inseln hätten dieselben ganz abweichende Werthe erhalten. Vielleicht — es spricht für Kepler's Scharfsinn, die Möglichkeit einer örtlichen Einwirkung ins Auge zu fassen — seien magnetische Inseln in der Nähe gewesen und hätten das Ergebnis getrübt (»quod suspicari quis possit«); wenn nicht, so müsse man schließen, »nullam esse constantem declinationem.« Oder sollte der Fehler darin seinen Grund haben, dass die in den Polargegenden äußerst intensiv auftretende Strahlenbrechung, welche die noch fünf Grade unter dem Gesichtskreise befindliche Sonne über diesen zu erheben im Stande sei, das Bestimmen des Nordpunktes erschwert habe?[2]) Diese ungewöhnliche Refraction habe zweifellos die Holländer zum öftern irregeführt. Trotz aller Bedenken hat Kepler die Daten der niederländischen Expedition einer neuen Berechnung unterworfen und ist dabei zu folgendem Resultate gekommen. Wenn wirklich an der Westküste Grönlands die Missweisung 16°, auf Nowaja Semlja (»Nova Zembla«) dagegen 26° beträgt, während die Lineardistanz beider Beobachtungsplätze auf ungefähr 200 Meilen zu veranschlagen ist, wenn endlich die entsprechenden Polhöhen 80° und 76° betragen, so ist der Magnetpol vom geometrischen Pole weder um 23½°, wie Kepler im vorigen Briefe annahm, noch um 16°30' (nach Mercator), sondern bloß um 6½" entfernt, und zwar befindet sich derselbe auf dem Meridiane der Azoren. Mit jener gutmüthigen Selbstironie, an der er es nirgends fehlen lässt, fügt Kepler hinzu: »Ego vero somniavi de 23½ gradibus in superioribus litteris, sic bene memini.«

---

[1] Anschütz, a. a. O., S. 31 ff.; die uns angehenden Theile S. 46 ff.
[2] Die an die Erwähnung der außerordentlichen Refraction sich anschließenden Sätze erscheinen uns um deswillen sehr beachtenswerth, weil sie mir dann eine sinngerechte Deutung zulassen, wenn man annimmt, Kepler habe bereits an die Möglichkeit einer lateralen Refraction gedacht, während man sonst die Erkenntnis der Thatsache, dass der Lichtstrahl sich unter Umständen auch als eine doppelt gekrümmte Curve darstellen könne, in eine weit spätere Zeit zu verlegen pflegt (vgl. Günther, Historische Notizen über die Lateralrefraction, Sitzungsber. d. phys.-med. Societät zu Erlangen, 11. Mai 1874). Kepler schreibt nämlich: »Ergo si Sole valde humili ex antimeridiana et pomeridiana altitudine, ut fieri solet, lineam meridianam quaesiverunt, et vapores orientales inaequales fuerint occidentalibus, falsam

Gewissermaßen um diesen Fehler, zu dem ihn sein heißblütiges Naturell verführte, wieder gut zu machen, verbreitet sich nunmehr Kepler über die Möglichkeit, mit einfachen Hilfsmitteln die Ablenkung der Magnetnadel von der Nordsüdrichtung recht genau zu ermitteln. Die Methode eigne sich namentlich dann, wenn man, wie dies wohl vielfach der Fall, nur über eine kurze Nadel verfüge (vgl. Fig. 6). [1]
»Et fiat Observatio per aquam. Nam lingula in aequilibrio facile luceret. Vas quadratum exacte, CBFG, accommodetur ad FG meridianum, aqua impleatur, in id lingula bene directa et longa satis stipulae aut plumae impositu. Vasis bina opposita latera supra ad labrum rectis (parallelis) aequidistantibus in partes quotlibet aequales dividantur. Inde ubi navicula acus quieverit,

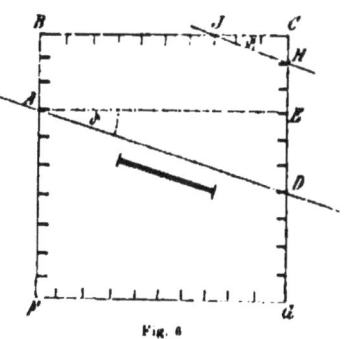

Fig. 6

regula AD vasis labro imponatur cum inclinatione ea quae est acus natantis; id oculis facile (efficitur) judicatur. Sed cavendum, ut acus natet aquae parallela, non alicubi depressa. Inde numeratis partibus (abscissis utrinque), AB substrahitur a DC, restat DE; et BC totidem est quot BF partium. Quare etiam AE. Sic triangulum AED dabit angulum declinationis.«

In eine Formel lässt sich dieses Messungsverfahren ersichtlich sehr leicht einkleiden. Wenn AE senkrecht auf CG ist, so repräsentiert ⊿ DAE die gesuchte Declination δ. Einer der aliquoten Theile, in welche die Quadratseite getheilt ist, sei gleich a, dann hat die Quadratseite, die in m gleiche Theile zerfällt, die Länge ma. Auf CD mögen p, auf BA mögen q solcher Theilstriche fallen, dann ist ED = pa − qa, und man hat

$$\operatorname{tg}\delta = \frac{ED}{AE} = \frac{(p-q)a}{ma} = \frac{p-q}{m}.$$

lineam meridianam constitutam esse, necesse est. Multa occurrunt in illo libro, ex quibus patet, quamvis essent astronomi, physica tamen parallaxi saepissime fuisse delusos.« Würde der Lichtstrahl stets in ein und derselben Verticalebene verbleiben, so wäre ja nicht abzusehen, weshalb eine verschieden starke Lichtbrechung das Verfahren, die Mittagslinie durch Circummeridianhöhen festzulegen, so sehr unsicher machen sollte. Übrigens bildete für Kepler, wie wir hier gleich vorwegnehmen wollen, der Umstand, dass die Holländer auf Nowaja Semlja mehrer Tage vor dem berechneten Aufgange die Sonnenscheibe erblickten, auch im dritten Briefe ein Object der Discussion (Anschütz, u. a. O., S. 76 ff.). An eine Refraction von solcher Größe ist in Wirklichkeit nicht zu denken; Theorie und Erfahrung sprechen gleichmäßig gegen Kepler's Erklärungsversuch, den wir jedoch ebensowenig wie unser Gewährsmann (a. a. O., S. 76) durch einen bessern ersetzen können. Wir müssen vielmehr einräumen, dass die Sache nicht klar ist. Eine »Disputatio de ortu et occassu (s) in Nova Zembla« aus der Feder des Ingolstädter Jesuiten Appenzeller befindet sich noch handschriftlich in der k. Hof- und Staatsbibliothek zu München; an Kepler schließt sich an des Wittenberger Mathematikers Nothnagel »Disputatio astronomico-geographica de insperato solis exortu, qui Hollandis contigit in Nova Zembla 1597« (Wittenberg 1665).

[1]) Anschütz, a. a. O., S. 48.

Hält man einfacher das Vergleichslineal, parallel zur Nadelachse, so, dass es etwa auf den Seiten CB und CG respective die Stücke CJ = ra und CH = sa abschneidet, so wird

$$\operatorname{tg} \delta = \frac{CH}{CJ} = \frac{sa}{ra} = \frac{s}{r}.$$

Die alte Wasserboussole der Orientalen und der mittelalterlichen Piloten des großen Binnenmeeres ist mithin durch Kepler wieder zu Ehren, aber zugleich in eine Form gebracht, welche ziemlich präcise Messungen verbürgt.[1] Wir reihen unserer ersten These (s. o.) demzufolge eine zweite an:

Auch ein nicht bloß zu qualitativer Beobachtung, sondern auch zu wirklich numerischer Bestimmung des Ablenkungswinkels geeignetes Declinatorium hat Kepler zu einer Zeit angegeben, da Gilbert's Werk mit seinen mannigfachen Neuerungen noch nicht an die Öffentlichkeit getreten war.

Fig. 7.

Indem Kepler seine Boussole gleich an seinem Wohnorte in Wirksamkeit treten lässt, findet er für Graz δ etwas kleiner als 6°. Erwünscht wäre ihm eine Münchener Beobachtungsreihe; was mit dem Zusatze »Est vicina Noriberga« gesagt sein soll, ist nicht recht verständlich, wenn nicht vielleicht gemeint ist, dass bei der geringen (?) Entfernung der beiden Städte auch die Declinationen daselbst als annäherungsweise gleich angenommen werden dürften.

Indem wir in der Zeit gleich etwas voreilen, wollen wir doch constatieren, dass Kepler seiner Grazer Declinations-Messungen späterhin noch zweimal Erwähnung thut. Das einemal geschieht dies in einem

---

[1] Die Brauchbarkeit eines solchen Instrumentes ist größer, als man vielleicht auf den ersten Blick zu glauben geneigt sein möchte. Wir berufen uns für diese unsere Behauptung auf den gewiegtesten Kenner magnetischer Messwerkzeuge, auf Lamont, welcher sich darüber in seinem »Handbuch des Magnetismus« (S. 134), mit Bezug auf Fig. 7 folgendermaßen vernehmen lässt: »Für specielle Fälle dürfte Wasser oder eine Mischung von Wasser und Weingeist in der Weise mit Vortheil angewendet werden können, dass man eine hydrostatische Wage hineinbringt und auf diese den Magnet ns legt. Der Widerstand, den das Wasser der Bewegung entgegensetzt, ist sehr gering. . . . Quecksilber ist nicht geeignet, das Wasser zu ersetzen, da der Widerstand zu groß ist, und auch durch die Oxydhaut, welche in ganz kurzer Zeit die Oberfläche bedeckt, die Bewegung gehindert wird. Das Auflegen einer ganz leichten Nadel auf einen Quecksilbertropfen gibt übrigens eine feine Bewegung, so lange die Oberfläche des Tropfens von Oxyd frei bleibt.« Entschieden erklärt sich dagegen Lamont gegen jene, welche die Nadel theilweise an einem Faden halten und theilweise durch die Flüssigkeit tragen lassen wollen. Das Minimum von Reibung, welches die »navicula« Kepler's zu überwinden hat, muss jedenfalls als ein Vorzug jener Declinatorien gegenüber betrachtet werden, welche sonst in der älteren Zeit üblich waren und ausnahmslos nicht eine an einem Faden aufgehängte, sondern eine auf Stahlspitzen schwebende Nadel besaßen, denn nach Coulomb (Gehler's Phys. Wörterbuch, 2. Aufl., 2. Band, Leipzig 1826. S. 139) hat im letztern Falle die Reibung einen durch Const. $p^{3/2}$ ausgedrückten Werth, unter p das Gewicht der Magnetnadel verstanden. Auch die Kürze von Kepler's Magnetstift war nicht vom Übel, wenn er nur dafür Sorge trug, der Achse desselben durch beiderseits angebrachte Verlängerungen aus unmagnetischem Stoffe ein tüchtiges Stück zuzusetzen (vgl. Leyst, Untersuchung über Nadel-Inclinatorien, St. Petersburg 1887, S. 132). Auch das von Kepler zu Hilfe genommene Anlegelineal wäre dann entbehrlich gemacht.

am 29. August 1599 an Maestlin gerichteten Schreiben,[1]) worin Kepler seinem alten Lehrer mit Worten, die mit den oben citierten zum theile identisch sind, das Wesen der Beobachtung mit dem magnetischen Schwimmer auseinandersetzt. »Vas quadratum exacte et alterutro latere ad lineam meridianam applicatum aqua repleatur usque ad labrum fere, silentibus ventis vel sub tecto. In hanc aquam immitatur acus magnetica festucae injecta ne mergatur.« Von dem Berechnungsmodus wird, einem anerkannten Mathematiker gegenüber, geschwiegen. Ein zweitesmal bot sich die Gelegenheit, diese Sache aufs neue zur Sprache zu bringen, damals, als Kepler mit dem französischen Physiker Nautonnier (s. o.) in Beziehung trat. Er schickte letzterem seine eben vollendete »Epistola de Solis deliquio Octobri 1605« als Geschenk zu, der Franzose dankte dafür und bat in seiner Erwiderung zugleich um die Mittheilung von Declinations-Beobachtungen. Im Februar 1606 gieng dann aus Prag ein Brief Kepler's an den neu gewonnenen Correspondenten ab, in welchem ersterer von seinen eigenen Erfahrungen berichtet.[2]) In Graz, dessen topographische Eigenart sehr getreu charakterisiert wird, habe er, Kepler, mit allem Fleiße eine Mittagslinie gezogen, um den Fußpunkt des Stylus, in welchen er das Hütchen der Magnetnadel einhieng, einen genau in 360 Grade eingetheilten Kreis beschrieben, und sich so überzeugt, dass die Declination sicher keine 8⁰ betrage. Allein dieses Verfahren sei ihm nicht strenge genug erschienen, und so habe er sich entschlossen, einen anderen Weg einzuschlagen: »cum autem metuerem, ne stylo adhaereret pulvicula, rem alia via sum ingressus.« Hierauf wird die Wasserboussole (s. o.) beschrieben, und an dieser sei die Declination nahe 6⁰ groß ermittelt worden. Hier in Prag endlich, so fährt Kepler fort, habe er sich eines messingenen Azimutalquadranten bedient und die Declination > 5⁰ < 6⁰ gefunden.[3]) Es ist zu bedauern, dass uns heute die Mittel versagt sind, irgend eine Controlle der Kepler'schen Originalbeobachtungen vorzunehmen.[4])

---

[1]) K. O. O., Vol. II, S. 815 ff.
[2]) K. O. O., Vol. III, Frankfurt und Erlangen 1860, S. 457 ff.
[3]) Eo collocato ut meridiem spectet exquisite, rectaque applicata regula cum instrumento seu pyxide magnetica, quae versatilis est super pede immobili, qui habet circuli sectiones incipientes a diametro, quae sit linea applicationis et sic basi quadrantis parallelus (?), tam diu verso pyxidem super pede, donec cuspis cum subscripta linea, qui exit in indiculum, coincidat. Hoc facto inspicio, quem gradum notet indiculus.« Zu Kepler's Terminologie sei bemerkt, dass er den Compass für gewöhnlich »pyxis« nennt; das Wort »Boussole« ist uns nur ein einzigesmal in seinen Werken begegnet. Am 9/19 April 1627 sendet er seinem Collegen Schickard in Tübingen vier Landkarten, erwähnt einiger von ihm an Jansson's Angaben angebrachter Verbesserungen und macht behufs Motivierung dieser letzteren den Zusatz (K. O. O., Vol. VI, Frankfurt und Erlangen 1866, S. 633): »Id hoc argumento, quia fluxus oceani perpetuus est in occidentem, et plerumque experiuntur nautae, se fluxu delatos esse in occidentem ultra leges suae bussolae.«
[4]) Es ist an sich durchaus nicht unmöglich, Formeln aufzustellen, mittelst deren die Declination d in einem Jahre t nach gegebener Epoche berechnet werden kann; diese Formeln haben gewöhnlich die Gestalt d = α — αt — βt², wo ℓ die Declination des Epochenjahres, α und β aber je eine Constante bedeuten, welche nach der Methode der kleinsten Quadrate aus dem vorhandenen Beobachtungsmateriale herzuleiten ist (vgl. Oberbeck, Über die zeitlichen Veränderungen des Erdmagnetismus; Leopoldina, 1881. Nr. 13). Allein für t > 100 fehlt eben die empirische Grundlage viel zu sehr, um α und β mit auch nur leidlicher Genauigkeit ausmitteln zu können. Wenn einmal Zeiträume von einem Jahrhunderte und mehr in Frage kommen, so gehen alle Analogien zwischen den erdmagnetischen Elementen anscheinend verloren. dies bezeugt besonders Hansteen, wenn es sagt (Untersuchungen über den Magnetismus der Erde, Christiania 1819, S. 32): »Vergleicht man die Karte der Isogonen für 1600 mit der Karte für 1700, so ergibt sich, wenigstens nördlich vom Äquator,

Wir kehren wiederum zu dem zweiten Briefe Kepler's zurück, von welchem ausgehend wir uns zu der soeben beendeten Digression veranlasst sahen. Doch ist die Fortsetzung einer ganz anderen Gattung von wissenschaftlicher Forschung, nämlich der astronomisch zu entscheidenden Frage nach dem Geburtsdatum des Kaisers Augustus, gewidmet, und nur eine einzige Stelle kommt für uns noch in Betracht. Kepler schließt nämlich seine Beschreibung des Wasser-Declinatoriums mit folgendem Satze ab:[1] »Quid insulam Corvi[2] ex Hispanis nominasti, id adeo verum Hondio videtur, ut jam primum meridianum per illum locum traduxerit, sicque omnia loca 7 graduum adjectione in longitudine dituverit. Itaque cum judicio ejus tabulae usurpandae. Sicque jam porro primus meridianus non amplius arbitrarius est, sed habet principium naturale.«[3]

Somit wären wir jetzt soweit, den dritten der drei von Anschütz herausgegebenen Kepler-Briefe, der uns unsern Helden wieder von ganz anderen Seiten kennen lehrt, in Angriff zu nehmen.[4] Dieser Brief ward geschrieben am 6. August 1599. Herwart's Schreiben, sammt der dazu gehörigen »sarcinula«, sei richtig in seine Hände gelangt. In jener befanden sich verschiedene Bücher, die Herwart, der überhaupt seinen gelehrten Freund immer mit den wichtigsten literarischen Novitäten zu versorgen trachtet, Kepler übersendet.[5] Darunter befindet sich des Clavius' »Opus de Astrolabio«, die oben namhaft gemachte Diatribe des Paters Appenzeller über das angebliche Refractions-Phänomen von Nowaja-Semlja und, was für den Adressaten wohl das wichtigste sein mochte, die deutsche Bearbeitung der Reisebeschreibung von Heemskerck's Expedition, welche soeben von Levin Hulsius, einem

---

nicht die mindeste Ähnlichkeit, und es ist schwer zu begreifen, wie das eine System von Linien in das andere übergegangen sein könne.« Es lässt sich also auch beispielsweise gegen die Aussage der Holländer, sie hätten auf Nowaja Semlja 26° Missweisung erhalten (s. o.), darans kein Gegenbeweis ableiten, dass ebenda Rosmysslow 1769 nur 3½° fand (v. Heuglin, Reise nach Nowaja Semlja und Waigatsch im Jahre 1871, Braunschweig 1873, S. 190). Man sehe auch die bezügliche Karte in der Neuauflage von Berghaus' Phys. Atlas.

[1] Anschütz, a. a. O., S. 48.
[2] Diese Entgegnung bezieht sich auf einen Brief Herwart's, von dem man schon von jeher Kenntnis besessen hatte, der aber aus seiner Isoliertheit eben erst durch Anschütz's Fund erlöst werden konnte. Die Stelle des Briefes, auf welche Kepler's Anspielung sich bezieht, ist nachstehende (K. O. O., Vol. I. S. 814): »Do acu maritima magnete illita scribunt omnes, extra meridianum per insulam de Cuervo (Azorum unam) ubique eam inclinare, praeter unicum pilotam Pedro del Medina, Del Arte Navigar' etc.«
[3] Die Hoffnung, dass man mittelst der Magnetnadel jenen »Naturmeridian« werde finden können, der zunächst von der Natur versagt schien und, wie wir heute wissen, in der That auch versagt ist, war freilich nicht mehr als ein schöner Traum. Schreiber dieses bedauert jedoch, dass er den obigen Ausspruch Kepler's nicht auch schon — was allerdings der Natur der Sache nach nicht möglich war — jenem Referate über die Meridianfrage einverleiben durfte, welches er, in Vereine mit C. M. v. Bauernfeind und H. Wagner, dem IV. deutschen Geographentage zu erstatten hatte (s. dessen Verhandlungen, Berlin 1884, S. 46 ff.). Dass die Meridian-Anarchie eine nicht leicht zu beseitigende sei, gesteht übrigens Kepler selbst später in der »Epitome« ein (K. O. O., Vol. VI, Frankfurt und Erlangen 1866, S. 192« Dort schreibt er: »Hodierni tamen geographi et Arabes etiam ante haec secula libertatem hic nonnullam pro se quisque usurpant, alii a Gadibus, alii a Lusitaniae occidentalissimis, alii ab illis insulis incipientes, penes quas magnetica cuspis praecise in polum mundi vergit, quae insulae Corvi et Promontorii Viridis appellantur....«
[4] Anschütz, a. a. O., S. 53 ff.
[5] Ibid. S. 100.

der rührigsten mathematischen und geographischen Massenschriftsteller jener Zeit, besorgt worden war.[1]

Auf den Ausdruck des Dankes folgen einige kritische Bemerkungen über die holländischen Astronomen, welche für diese nichts weniger denn schmeichelhaft sind, die aber auch vor dem Forum der geschichtlichen Gerechtigkeit nicht aufrecht erhalten werden können. Wir werden gleich sehen, dass einer der Vorwürfe nicht nur in sich zusammen-, sondern sogar auf Kepler selbst zurückfällt, der den Text des Itinerariums nicht richtig aufgefasst hat. Er reproduciert nämlich, Herwart gegenüber, einen bestimmten Abschnitt des Reiseberichtes und sucht die darin mitgetheilten astronomischen und magnetischen Beobachtungen unter seine Controlle zu nehmen. Am 1. Juli, so beginnt er, dublierten die Holländer Cap Canin (»caput Candinos«). Am 3. Juli bestimmten dieselben die magnetische Missweisung. »Ex hac observatione esset declinatio magnetis circiter 31 gradus, quo arcu superavit haec praesens declinatio declinationem anguli Belgici, nisi fortasse Noribergensi compasso sint usi, quod vix credo.[2] Caeterum in hac observatione inculentus error inest.« Wegen der weiteren Darlegung beziehen wir uns auf unsere Fig. 8; die flüchtig entworfene Zeichnung des Original-Manuscriptes glaubte Anschütz nicht gut

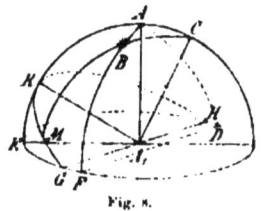

Fig. 8.

wiedergeben zu können, und so entwarf derselbe[3] eine neue in orthographischer Projection, welcher wir wiederum eine perspectivische Darstellung der sichtbaren Himmelshalbkugel substituieren. Die Buchstabenbezeichnung Kepler's ist beibehalten. Es bezeichnet A das Zenit, C den nördlichen Weltpol, G den Ostpunkt, H den Westpunkt, E den Südpunkt des Horizontalkreises, GKH den in K culminierenden Äquator, B die Sonne, BM deren (astronomische) Declination. Ein durch A und B gelegter Höhenkreis schneidet den Horizont in F, ferner ist arc ED = arc EF gemacht und auch der Höhenkreis AD gezogen. Auf entsprechende Weise, nämlich durch sogenannte correspondierende Höhen, hatten die Holländer die Stellung des Meridianes bestimmt, und wenn ihnen bei dieser Arbeit ein Fehler begegnet wäre, so würde sich auch die Declination, deren Messung ja von der fixen Nordsüdrichtung ihren Ausgang zu nehmen hat, als falsch bestimmt erweisen. Dies darzuthun, ist Kepler's Absicht,

---

[1] Warhafftige Relation der dreyen newen unerhörten, seltzamen Schiffart, so die Holländischen und Seeländischen Schiff gegen Mitternacht drey Jar nach einander, als Anno 1594, 1595 und 1596 verricht etc. Erstlich in Niderländischer sprach beschrieben durch Gerhart de Ver, so selbst die letzten zwo Reysen hat helffen verrichten, jetzt aber in's Hochteutsch gebracht durch Levinum Hulsium, Nürnberg 1598. Der Übersetzer, welcher in diesem Falle auch sein eigener Verleger war, stammte aus Flandern und verstarb 1606 zu Frankfurt a. M., brachte aber einen großen Theil seines Lebens in Nürnberg zu. Er selbst verfasste mehrere geographische Tractate, darunter auch einen, der nach Doppelmayr (Historische Nachricht von den Nürnberger Mathematicis und Künstlern, Nürnberg 1730, S. 163) hier genannt zu werden verdient: Vorstellung eines Wegweisers und Sonnen-Compasses, mit welchem man von einem jeden, auch unbekandten Orth, ohne Fragen oder merkliche Irrung durch gantz Teutschland, Italien und umliegende Länder bey Tag und Nacht reisen kann, Nürnberg 1597.

[2] Was Kepler mit dem Worte »Nürnberger Compass« andeuten will, bedauern wir, unerklärt lassen zu müssen.

[3] Anschütz, a. a. O., S. 55.

allein es gelang ihm nicht, dieselbe zu realisieren, vielmehr häufte er selbst Flüchtigkeit auf Flüchtigkeit und interpretierte den Bericht, den ihm vorlag, durchaus missverständlich. In Note [1] ist das Rechnungsverfahren Kepler's reproduciert und zugleich gezeigt, dass und wo er gefehlt hat. Wir werden im nächsten Abschnitte sehen, dass es der genialen Originalität des merkwürdigen Mannes auch in viel ernsteren Fällen gar nicht darauf ankam, sich der Wahrheit durch ein stetiges Begehen und Verbessern von Irrthümern zu nähern, und zumal in den Briefen — mit einem solchen haben wir es ja hier zu thun — legte er sich noch weniger Rücksicht auf, als in den für den Druck gearbeiteten Schriften.

Nachdem Kepler sodann (s. o.) seine Meinung über das Phänomen des verfrühten Sonnenaufganges ausgesprochen, wendet er sich wieder den magnetischen Messungen zu.[2] »Ibidem notatur meridianus compassi crassa Minerva, quam differentiam si conjiciamus in gradus, prodibunt 23° circiter. Itaque quod alibi, nempe supra ad 21. Julii anni 96, annotant declinationem magnetis (ut ex Belgico idiomate transtulit

[1] Kepler entnimmt seiner Vorlage die Notiz, dass Bogen DEF »gleich 5½ Winden« sei. Die ganze Strichrose der Boussole ist nämlich nach Seemannsart in 32 gleiche Theile oder Winde getheilt, somit ist, in gewöhnlicher Form ausgedrückt,

arc DF = $\frac{11}{64} \cdot 360° = \frac{488° \cdot 416' \cdot 240''}{8} = 61° 52' 30''$. Schon hier hat Kepler unrichtig

gerechnet, indem er arc DF = 60° 56' setzt, doch ist dieser — an sich wohl unerklärliche — Fehler nicht einschneidend genug, um das Resultat erheblich zu verunstalten. Aus seinem Resultate folgt ∢ EAF = 30° 28'. Die Messung der Sonnenhöhe BF ergab den Niederländern 28° 30', die Declination BM der Sonne berechnet sich für den in Rede stehenden Tag zu 23° 2'. Kepler fasst nun das bekannte Dreieck ABC (Zenith-Pol-Stern) in's Auge und ermittelt aus ihm die Grösse der Seite AC, des Complementes der Polhöhe, um die auf solche Weise errechnete geographische Breite mit jener zu vergleichen, welche die Holländer als von ihnen direct gemessen bezeichnen; ergab sich bei dieser Vergleichung ein namhafter Unterschied, so war, Kepler's Ansicht zufolge, auch der vorausgegangenen Bestimmung der Mittagslinie und der magnetischen Missweisung der Process gemacht. Im Dreiecke ABC kennt man Seite AB als das Complement der Höhe, Seite BC als das Complement der Declination und Winkel BAC als das Supplement vom ∢ EAF; zwei Seiten und der Gegenwinkel der grössern unter ihnen sind also gegeben und nicht, wie Kepler wiederum unrichtig bemerkt, zwei Seiten nebst dem eingeschlossenen Winkel. Die weitere Rechnung, von uns mit Logarithmen nachgeprüft, ist einwurfsfrei. Nachstehend das Schema (BN ! CE):

sin NB = sin AB sin NAB;
log sin 61° 30' = 9.94380 — 10
+ log sin 30° 28' = 9.70514 — 10
———————————————
log sin NB = 9.64894 — 10
NB = 26° 27' 41''

tg NA = tg AB cos NAB;
log tg 61° 30' = 10.26524 — 10
+ log cos 30° 28' = 9.93547 — 10
———————————————
log tg NA = 10.20071 — 10
NA = 57° 47' 26''

cos NC = $\frac{\cos BC}{\cos NB}$; AC = NC — NA;

log cos 66° 58' = 9.59247 — 10
— log cos 26° 27' 41'' = 9.95194 — 10
———————————————
log cos NC = 9.64053 — 10
NC = 64° 5';

AC = 64° 5' — 57° 47' 26'' = 6° 17' 34''. Die Polhöhe wäre demnach 90° — 6° 17' 34'' = = 83° 42' 26'', während das Itinerar nur 73° angibt. Kepler fühlt sich daraufhin ermächtigt, den holländischen Astronomen die erwähnten schweren Vorwürfe zu machen (»ex quo vides, quantum in fluctuante et inconstante navi erraverint«), allein dabei hat er, wie Anschütz nachweist (a. a. O., S. 101 ff.) die Zahlen der Holländer total missverstanden. In Wahrheit umfasst nämlich arc DEF nicht 5½ sondern 13⅖ Winde (= 151° 52' 30''), und wenn man nunmehr mit dem richtigen Werthe (∢ EAF = 75° 56' 15'') die Rechnung wiederholt, so ergibt sich, zur Ehrenrettung Barentz', für die Polhöhe der ganz ordentliche Werth 73° 33' 58''.

[2] Anschütz, a. a. O., S. 57 ff.

Hulsius) supra 26 gradus, et ad 5. Augusti fere 27 (ut ego lego) gradus integros, confirmatur hic. Atque inlidem cernitur, non novum esse in his exemplaribus, errari in characteribus numerorum. Tum etiam hinc refutatur Hulsii conjectura pro 26 legentis 16; imo vero infra pro 17 legendum est 27. Contra hic in indicatione meridiani compassici, quae tamen non admodum est exquisita, ad 23⁰ pervenimus. Nam si non plures deprehendissent gradus quam 16⁰ et 17⁰, non fecissent differentiam compassi majorem uno rhombo; at faciunt 2 rhombos differentiam. Nam 16 vel 17 gr. faciunt 1½ rhombos (quae medietas et digna erat animadversione et facilis); at 26⁰ vel 27⁰ sunt 2⅔, fractio minor medietate fuit ab illis neglecta in hac indicatione. Et supra quidem, ad 3. Julii anni 94., produnt differentiam 2⅔, summa graduum 31⁰ circiter. Posteriores vero observationes et in continenti habitae debent prioribus derogare.« ¹) Alle diese Versuche Kepler's, an den Beobachtungs-Resultaten der holländischen Seelente herum zu corrigieren, haben keinen sicheren Untergrund und entspringen seiner schon mehrfach hervorgetretenen Idee, der Theoretiker dürfe alles, was ihm für sein System nicht passt, so lange ummodeln, bis es mit gewissen vorgefassten Ansichten im Einklange steht. Anschütz sagt mit Recht hierüber:²) »Kepler war in der falschen Meinung befangen, die Declination für einen Ort sei unveränderlich. Daher seine Erklärungsversuche im Folgenden.« Zudem hält er sich auch diesmal nicht frei von Lesefehlern; Hulsius hat da, wo Kepler von einer Differenz = 2⅖ Rhumb spricht, die Zahl 2³/₄.

Gleichwohl glaubt sich der lebhafte Mann, obwohl ihm nur ein so unvollständiges und von ihm selbst sogar über die Gebühr gering geschätztes Material zur Hand ist, in den Stand gesetzt, sich eine neue Theorie des Erdmagnetismus und der Lage der Magnetpole zu bilden. Hören wir, wie er seinen Gedankengang formuliert, ³) »De magnetis declinatione. — Transeo ad cognatam quaestionem de magnetis declinatione. Utcunque Belgae crassa Minerva observaverint eam, in ea me tamen opinione confirmant, non majorem esse inter polos arcum quam 6½, idque contra Mercatorem. Confirmant et speculationem meam, quam quotidie magis magisque amplector, vim magnetis esse ex eorum genere, ex quo est et gravitas partium terrenarum, sic ut huic illa sit subordinata. Gravitas tuetur corpus, vis magnetica tuetur figuram et dispositionem ejus. Magnes est pars terrae perfecta, retinens proprietatem originaliter partibus terrae tributam. Punctum, quorsum spectat magnes, fuit in principio mundi polus Terrae. Ex eo tempore transivit polus Terrae a situ primaevo per 6½ gradus a freto Anian⁴)

---

¹) Zum Verständnis diene, dass die nautische Terminologie den Umfang der Rose, in 32 Theile eingetheilt (s. o.), als aus Rhomben oder »rhumbs« zusammengesetzt annahm. Man vergleiche hiezu ein beliebiges Handbuch der Nautik aus jener Zeit, am besten des W. Snellius »Tiphys Batavus seu Histiodromice« (Loyden 1624).
²) Anschütz, a. a. O, S. 104.
³) Ibid. S. 58 ff.
⁴) »Anian« ist das verstümmelte »Ania num« in Marco Polo's Reiseerzählung (Peschel, Gesch. d. Erdkunde, S. 273); durch eine sonderbare Ideenverschiebung rückte bei den holländischen Kartographen das »fretum Anianum« hoch nach Norden hinauf und figurierte dann als eine unbestimmte Vorahnung der Berings-Straße. Am frühesten erwähnt ihrer nach dem Venezianer ein griechischer Abenteurer, der sich in spanischen Diensten als Juan de Fuca weit umhergetummelt hatte. Auch die holländischen Seefahrer, von denen so viel die Rede war, sollten durch die Enge Anian nach China steuern (ibid. S. 326). Die älteste Karte, auf der Anian vermerkt ist, befindet sich zu Nürnberg und stammt aus dem Jahre 1566 (ibid. S. 816).

versus Azores in linea circuli maximi. Confirmat hoc Antonius Maria. qui dicit, inde a Ptolemaeo ad nos usque polum nobis appropinquasse per 1° 10', quod deprehendit constanter in plurimis locis Italiae et in Gadibus. Adde et Obeliscum Plinii.[1]) Si dixisset Maria, discedere a nobis polum per tantum spatium, contrarium dixisset meae ex magnete captae conjecturae; sed quia dicit, accedere polum Italiae, mecum est. Nam ductus maximus ad rectos meridiano Azorum retinet Italiam in medietate Azorum. Convenit et quantitas. Nam si 1072 anni faciunt gradum; ergo 5600 anni faciunt gradus 5⅓ circiter. Ego vero dico, gradus 6½, interesse inter polos. Ratio patebit ex schemate.[2]) Esto AB meridianus Azorum, CD meridianus Italiae, C polus hodiernus, DE meridianus Italiae originalis et magneticus. E polus originalis sive magneticus. Fiat CB aequalis alteri CD, ut B et D sint loca ejusdem hodie altitudinis. Et connectantur B, D. Cum ergo in triangulo aequicruro sint aequales anguli CBD, CDB; major est igitur angulus EDB quam EBD. Majus itaque latus BE, majori angulo subtensum, quam ED. Et sic in locis duobus, quorum alter est in meridiano Azorum, alter in meridiano Italiae, datur aequalis quidem hodierni poli distantia, inaequalis vero et minor distantia poli antiqui ab Italia quam ab Azoribus. Demuntur aequalia BC et DC, sive DF ab inaequalibus BC, DE; restabunt inaequalia: CE, differentia polorum sub meridiano Azorum, major quam EF, differentia in Italia. Maria exprimit EF, ex computatione ad annos 5600, graduum 5⅓; ego exprimo CE, ex magnetis declinatione, graduum 6½. Sic qualitas horum arcuum proba est et consentiens, major scilicet, qui debet esse major. De quantitate vero praecisa non litigo, cum hic nec Maria nec ego certi omnino scimus.« Der Rest des dritten Briefes enthält nichts mehr, was auf den Erdmagnetismus Bezug hätte, sondern lediglich eine Reihe cosmologischer Betrachtungen, in denen (in nuce) der wesentliche Inhalt der viel später erst der Presse anvertrauten »Harmonice Mundi« sich vorfindet.

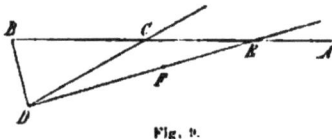

Fig. 9.

Allein schon der Text, soweit wir ihn dem Wortlaute nach mitgetheilt haben, bedarf noch mancher Klarstellung, damit die in ihrer Art ganz folgerichtige und abgerundete Lehre von der Vergrößerung des Abstandes von je zwei zusammengehörigen Polen der Erdkugel in richtiger Beleuchtung erscheine. Man sieht, dass die Beobachtungen,

[1]) Gemeint ist die Stelle bei Plinius, Historia naturalis, lib. XXXVI, cap. 10 »Ei obelisco, qui est in Campo, divus Augustus addidit mirabilem usum, ad deprehendendas Solis umbras, dierumque ac noctium ita magnitudines... Haec observatio triginta jam fere annis non congruit...« Entweder habe die Sonne ihren Lauf geändert, oder der Mittelpunkt der Erde habe eine Verlegung erfahren, oder eine Erderschütterung habe die Stellung des Obelisken verschoben, oder das die Basis bildende Tiberschlamm-Sediment habe sich gesenkt. Wegen der Frage, ob die für einen bestimmten Ort nach den Regeln der Kunst gezogene Mittagslinie sich verrücken könne vgl. Wallis (On some supposed alteration of the Meridian Line, Philosoph. Transactions, 1699) und Dom. Cassini (Vom Ursprung, Fortgang und Aufnahme der Sternkunde und deren Nutzen in der Erdbeschreibung und Schiffahrt, deutsch von Kordenbusch, Nürnberg 1771. S. 101). Kordenbusch kommt nach Prüfung der angeblichen Nachrichten, indem er an die von ihm selbst gesammelten Erfahrungen appelliert, zu dem Schlusse, dass noch kein irgend beweiskräftiges Zeugnis für eine Deviation der Durchschnittslinie der Meridian- mit der Horizontalebene beigebracht sei.

[2]) Das folgende bezieht sich auf unsere Fig. 9.

welche ein damals berühmter Italiener über eine säculäre Veränderung der Polhöhen gemacht haben wollte, für Kepler maßgebend waren; doch scheint derselbe auf Berichte aus zweiter und dritter Hand angewiesen gewesen zu sein, weil er den Namen seines Gewährsmannes unrichtig schreibt.[1]) Dieser Astronom war Domenico Maria von Novara, der hochverdiente Lehrer des jungen Coppernicus. Ursprünglich hatte derselbe im Jahre 1498 jene Theorie, von welcher Kepler redet, in einer akademischen Gelegenheitsschrift niedergelegt, allein die Nachwelt interessierte sich für jene lebhafter als die Zeitgenossen, und so kam nicht ganz hundert Jahre nach der ersten Veröffentlichung der Neudruck zustande, auf welchen die deutschen Fachleute angewiesen waren.[2]) Bemerkenswerth ist, dass auch Gilbert auf die Speculationen Domenico Maria's aufmerksam wurde, und zwar ebenfalls unter dem für Kepler bestimmend gewesenen Gesichtspunkte des tellurischen Magnetismus: allein bei diesem Anlasse offenbart sich recht augenfällig der individuelle Gegensatz zwischen dem geistesnüchternen Engländer und dem phantasievollen Schwaben: Kepler errichtet auf den Mittheilungen des italienischen Gelehrten ein luftiges Lehrgebäude, Gilbert will deren Richtigkeit ein- für allemal in Abrede gestellt wissen.[3]) Dass er damit die Wahrheit sprach, unterliegt für uns heutzutage keinem Zweifel mehr, denn obwohl eine gewisse Schwankung der Achse und ebenso eine gewisse Inconstanz der geographischen Breiten durch die fortgeschrittene Forschung unserer Zeit wahrscheinlich gemacht ist, so

---

[1]) Nicht nur hier, sondern auch an manchem anderen Orte (vgl. K. O. O., Vol. II, S. 220; Vol. III, S. 445; Vol. VI, S. 220), bis ihm 1619 durch die Lectüre einer Schrift von Bianchini die richtige Namenschreibung bekannt wird (Vol. VII, S. 475).

[2]) Eingehend unterrichtet über Domenico Maria, über seine persönlichen Beziehungen zu Coppernic und über die wissenschaftlichen Leistungen des Erstern das schon früher von uns citierte, vortreffliche Werk von Prowe (Nic. Coppernicus, 1. Band, 1. Theil, S. 236 ff.). Jenes Flugblatt wurde wieder abgedruckt in Magini's »Tabula secundorum mobilium coelestium« (Venedig 1585, S. 29 ff.); über dieses Werk und über des Autors Stellung zu Domenico Maria gibt allen wünschenswerthen Aufschluss Favaro (Carteggio inedito di Ticone Brahe, Giovanni Keplero e di altri celebri astronomi e matematici dei secoli XVI. e XVII. con Giovanni Antonio Magini, Bologna 1886, S. 78 ff.). Die besonders charakteristische Stelle, auf welche auch Kepler und Magini besonderes Gewicht legen, ist diese: »Ego autem superioribus annis contemplando Ptolemaei Cosmographiam inveni, elevationes Poli Borei ab eo positas in singulis regionibus ab his, quae nostri temporis sunt, gradu uno ac decem minutis deficere, quae diversitas vitio Tabulae nequaquam ascribi potest: non enim credibile est, totam libri seriem in numeris Tabularum aequaliter depravatam esse. Eu propter necesse est Polum Boreum versus punctum verticalem delatum concedere....« Der ersten Nachricht über diese Verrückung der Erdpole aus neuerer Zeit begegnen wir in der Lebensbeschreibung Coppernic's, welche der feinsinnige Lichtenberg verfasst hat (s. dessen »Vermischte Schriften«, herausgeg. von Kries, 2. Aufl., 6. Band, Gotha 1846). Sollte indess Lichtenberg nicht doch dem damals erst vierundzwanzigjährigen Studenten zuviel zutrauen, wenn er meint, Coppernicus habe die »Grille« seines verehrten Lehrers sofort als solche erkannt?

[3]) Gilbert, De Magnete etc., S. 212. »Axis telluris magneticus, ut in ipsis primordiis motivi mundi, per telluris media transibat: ita nunc per centrum ad eadem superficiei puncta tendit, permanente etiam aequinoctialis lineae circulo et plano. Non enim sine vastissima terrenae molis demolitione, immutari naturales hi termini possunt, ut facile est ex magneticis demonstrationibus colligere. Quare Domenici Mariae Ferrariensis, viri ingeniosissimi, qui fuit Nicolai Coppernici praeceptor, opinio delenda est.« Man wäre fast versucht, der große Physiker habe, als er diese Worte niederschrieb, sowohl gegen die Hypothese selbst, als auch gegen deren Wiedererneuerung durch Kepler Protest einlegen wollen, allein es ist der Zeit nach unmöglich, dass von den zwischen Herwart und Kepler gewechselten Briefen etwas zu Gilbert's Ohren gedrungen sein könnte.

halten sich diese Abweichungen vom Normalen doch innerhalb ganz enge gezogener Grenzen,[1] und am allerwenigsten ist an progressive Veränderungen im Sinne Domenico Maria's, Magini's und Kepler's zu denken. Auch die von dem letzteren gezogenen Consequenzen sind deshalb an sich hinfällig, allein sie bieten dessungeachtet genug Interesse, um noch für einen Augenblick uns am Vorwärtsschreiten zu hindern und eine kürzere Analyse des ganzen Vorganges, wie ihn sich Kepler zurechtlegte, gerechtfertigt erscheinen zu lassen.

Wie sich derselbe auf Grund der »belgischen« Beobachtungen die Überzeugung verschaffte, dass die Declination im Polargebiete $6\frac{1}{2}°$ nicht übersteige, ist aus seinen Äußerungen nicht ganz klar zu übersehen. Wird es ihm aber zugestanden, so stützen sich alle Theile seiner Hypothese ganz gut unter einander und passen nicht minder zu der fast mit dogmatischer Geltung ausgerüsteten Annahme, dass die Weltschöpfung 4200 Jahre vor dem Beginne der christlichen Zeitrechnung sich ereignet habe. Wenn in Fig. 9 das Dreieck CBD gleichschenklig ist, so sind auch die Winkel φ an der Basis BD einander gleich, und es ist auch $\angle BDE' = \angle CDE + \varphi \mathrel{{\scriptstyle>}} \varphi$. somit $BE > DE$ und $EG (= 6\frac{1}{2}°) > EF = (5\frac{1}{2}°)$. Die Differenz der Pole, gemessen auf dem Normalmeridiane der Azoren, muss aus geometrischen Gründen diese Differenz übersteigen, wenn sie auf irgend einem anderen — z. B. einem durch Italien gelegten — Meridiane gemessen wird.

Man kann begreifen, dass der Erfinder dieser Theorie durch deren scheinbare innere Übereinstimmung vollkommen befriedigt war, doch hielt diese Genugthuung, wie sich bald herausstellen wird, nicht für die

---

[1] Eine den Grundlehren der analytischen Mechanik angepasste Untersuchung über die Größe des Einflusses, welchen geologische Massenumsetzungen auf die Umdrehungsachse der Erde auszuüben vermögen, ist zuerst von Bessel angestellt worden (Über den Einfluss der Veränderungen des Erdkörpers auf die Polhöhen. Zeitschr. f. Astron. u. verw. Wissensch., 5. Band, S. 25 ff.). Neuerdings hat dann Helmert, mit wesentlich vervollkommneten Hilfsmitteln, die Frage erörtert, inwieweit von einer Eigenbewegung der Erde um ihren Schwerpunkt, bewirkt durch Gravitations-Einwirkungen anderer Weltkörper die Rede sein kann (Die mathematischen und physikalischen Theorien der höheren Geodäsie, 2. Theil, Leipzig 1884. S. 386 ff.), und da sich dabei fand, dass die Momentandrehachse um die Achse des größten Trägheitsmomentes einen Kreiskegel beschreibt, »so müssen geographische Breite, geographische Längendifferenzen und Azimute veränderlich sein, und zwar im vorliegenden Falle periodisch veränderlich.« Das in den letzten Jahren bezüglich solcher Veränderungen angesammelte Material untersucht kritisch Hall (Variations of Latitude, Amer. Journal of Science, 1885, S. 223 ff.); danach haben sich für verschiedene Orte Abnahmen der Polhöhe ergeben. Dieser Winkelwerth nimmt ab: bei Washington in 18 Jahren um 0·17″, bei Paris in 28 Jahren um 1·13″, bei Mailand in 60 Jahren um 1·51″, bei Rom in 56 Jahren um 0·17″, bei Neapel in 51 Jahren um 1·21″, bei Königsberg i. Pr. in 23 Jahren um 0·15″, bei Greenwich in 18 Jahren um 0·51″. Weitaus am zuverlässigsten sind jedoch unzweifelhaft die Polhöhebestimmungen von Pulkowa, aus welchen sich folgendes zusammenstellen lässt:

Beobachter	Jahr	Zahl der Beobachtungen	Geographische Breite	Wahrsch. Fehler
Peters	1843	371	59° 46′ 18.73″	± 0.013″
Gyldén	1863	236	18.65	± 0.014
Nyrén	1872	155	18.50	± 0.014

Ersichtlich kann es sich durchgängig nur um ganz minimale Beträge handeln. Nur hier bei Pulkowa scheint sich eine wirklich säculare Veränderung zu markiren. Helmert lehrt übrigens auch a. a. O. S. 450 ff.) die »Verwerthung astronomischer Angaben für die Erkenntnis der Erdgestalt und des Erdinnern« und studiert eingehend die etwaigen Achsenverschiebungen infolge geologischer Umwälzungen.

ganze Laufbahn Kepler's nach, vielmehr wendete er seinem Geisteskinde späterhin mit Entschiedenheit den Rücken.[1]

Wir kommen nunmehr wieder zu jenem Theile der Herwart-Kepler'schen Correspondenz zurück, welcher bereits in der Ausgabe von Frisch zur Veröffentlichung gelangt ist. Hier begegnen wir zuerst einer Mittheilung Herwart's vom 14. December 1599, worin er dem jungen Freunde von einem neuen Buche des Huygens von Linschooten (vgl. den ersten Abschnitt) Kenntnis gibt.[2]) Am nämlichen Tage gieng zufällig auch ein Schreiben aus Graz ab, in welchem sich Kepler erkundigte, ob er nicht die Druckausgabe des Pierre de Maricourt erhalten könne — ein Wunsch, den Herwart trotz eifriger Umfrage bei Augsburger und Frankfurter Buchführern nicht zu erfüllen in der Lage war.

Die Antwort auf den zuerst erwähnten Brief Herwart's erfolgte erst über ein halbes Jahr nach dem Termine der Absendung; Kepler berichtet am 12. Juli 1600 über die Eindrücke, welche Huygens' Schrift bei ihm hervorgerufen habe. »Instructionem de magnete avide perlegi: sed incertior factus quam prius. Si vera est instructio, tota experimentis constat, nec certa et constans est inclinatio[3]) acus. Nam animadverti duos in ea meridianos magneticos: Alterum per Azores, alterum per caput Bonae Spei. Quamobrem merito auctoritatem autoris in dubium voco. Etenim in eodem capitis Bonae Spei meridiano, qui fere et promontorium Nordcap[4]) extremae Norvegiae amplectitur, Hollandis animadversa est non exigua sed valde notabilis inclinatio ....« Wie sei überhaupt der Ablenkungswinkel bestimmt worden, wo doch auf dem niemals ruhigen Schiffe an das Ziehen einer genauen Mittagslinie gar nicht zu denken sei. »Cupio itaque scire, quo instrumento nitantur hae assertiones, quomodove captae sint et quo medio hae variorum locorum inclinationes in medio mari, a rudibus nautis.« Kurz, er könne mit dem holländischen Schriftsteller nicht ins Reine kommen; Herwart erklärt,[5] dass es ihm selber auch nicht anders gehe.

---

[1]) In jenem Briefe an Maestlin, dessen wir oben zu gedenken haben, geht Kepler auch auf seine Lehre von der Wanderung des Poles ein. »Ego ex Batavorum observationibus colligo, locum Terrae, ad quem vergit magnes, in principio mundi fuisse polum Terrae, hodie distare a polo Terrae non 16½°, ut vult Mercator, sed 6½°. Hoc enim sequitur ex Batavorum observationibus et consentit cum traditione Mariae, qui Copernici praeceptor fuit. Observavit ille, omnia loca Italiae mutasse suas elevationes et in eandem partem, quum mihi ex hac speculatione monstrat magnes et eadem fere quantitate....« Diese Zeilen weichen von den an Herwart gerichteten kaum im Wortlaute ab. Ganz ähnlich lauten die Schlussworte des oben theilweise besprochenen Briefes an Nautonier. Allerdings, schreibt Kepler hier, sei früher die Lehre des Domenico Maria für ihn maßgebend gewesen, allein jetzt sei er gänzlich von ihr zurückgekommen, und wenn er dennoch jetzt einen verhältnismäßig kleinen Werth für die in den österreichischen Ländern gemessene Declination angebe, so dürfe er diese Behauptung wohl als ein Zeugnis der Unbefangenheit anführen. »Potius enim ad 23½°, quam ad minus aliquid, invitarunt me vota mea.«

[2]) Welches Work Linschooten's gemeint ist, geht aus dem Gesagten nicht klar hervor: Poggendorff (Handwörterbuch etc., 1. Band, S. 1470) kennt von jenem nur »Navigatio et itinerarium in orientalem sive Lusitanorum Indiam« (Haag 1591).

[3]) Offenbar nur mit Rücksicht auf die unmittelbare Vorlage bedient sich Kepler dieser sonst niemals in solchem Sinne bei ihm vorkommenden Bezeichnung.

[4] Diese Angabe gewährt uns einen deutlichen Einblick in die Unvollkommenheit der Landkarten, mit welchen man damals sich behelfen musste. Denn das »Cap« liegt bekanntlich noch westlich vom 20. Meridian ö. L. von Greenwich, während die Insel Magerö, welcher das nördlichste Vorgebirge Europas angehört, vom 26. Meridiane durchschnitten wird.

[5]) »Auf die vor diesem Buch zugeschickte observationes de magnete halt ich nichts.«

Eine Frist von nicht weniger als fünf Jahren trennt die Zeit, innerhalb deren wir uns bisher zu bewegen hatten, von derjenigen, zu welcher wir uns jetzt zu wenden haben. Diese Frist hat Kepler, wie überhaupt zu eifriger Arbeit auf fast allen Gebieten der exacten Naturwissenschaft, so auch zu gründlichstem Studium der »Physiologia nova« Gilbert's benützt. Mit wahrem Feuereifer begrüßte er das Werk des genialen Geistesgenossen,[1]) dem ja auch Galilei das Prädicat »bis zum Beneiden groß« beigelegt hatte. Die eigene Forschung ruhte in jener Periode der Receptivität nahezu gänzlich; höchstens eine Stelle in einem der mit dem Friesen Fabricius getauschten Briefe und eine solche in der Schrift »Vom neuen Stern« verdienen hier angemerkt zu werden.[2])

---

[1] Der Passus, welchen wir im Sinne haben, findet sich in der »Apologia Tychonis contra Ursum (K. O. O., Vol. I, S. 243): »Mihi sane nihil falsum Copernicus dixisse videtur: quodque meis pro Copernico defuit argumentis, id admirabili solertia experiundique industria supplesse videtur Guilielmus Gilbertus Anglus in re magnetica.« Auch der Herausgeber Frisch hebt die Begeisterung hervor (a. a. O., S. 652 ff.), mit welcher Kepler die neuen Gedanken und Thatsachen des Gilbert'schen Werkes in sich aufgenommen habe.

[2] Die Anfrage des Fabricius (vom 14. Januar 1605) geht dahin, wie sich wohl am Pole die Magnetnadel verhalten werde (K. O. O., Vol. I, S. 346). Kepler antwortet: »Tunc non coelum, sed Terra consulenda: prospectus nempe, aut si forte magnes intueatur, de quo Gilbertus; declinat nempe a polo ad partes potiores terrarum, exstantium ex aquis.« Im sechsten Capitel der 1606 erschienenen Monographie »De stella nova in pede serpentarii« findet sich ferner, nachdem die Sonne für die alleinige Spenderin von Licht und Wärme erklärt war, folgende sehr merkwürdige Stelle (K. O. O., Vol. II, S. 639): »Sic olim cum magnete res habuit, cum quidem Jacobus Florentinus animadvertisset in eo polum, qui ad polum mundi contenderet, quique ferrum attraheret, opposita parte ferrum repellente; statim exstiterunt, qui mirabilium artificiorum spem facerent; motus perpetui per claviculos in rota ferreos, sphaerae cum coelo mobilis sine rotulis vel ponderibus, alphabeti, quo quis alteri ad constitutum tempus ultra centum milliarium spacium quae vellet significaret; quae ex tractatu Magistri Henrici de Hassia excerpta, quod ostendit libellus, ante 200 fere annos manu scriptus, quem habeo, ubi in Taisnerii Hannonii manus venerunt, denuo sub novae inventionis titulo sunt ab eo publicata verbis ut plurimum iisdem, schematibus vero ad unguem expressis. »Wer der genannte Jacob von Florenz sein soll, wissen wir nicht anzugeben, Taisnier, dessen continuierlich magnetisches Rad Kepler bereits Herwart gegenüber (s. o.) als ein Phantasiegebilde stigmatisiert hat, ist uns dagegen wohlbekannt, und auch mit Heinrich von Hessen oder, wie er sonst heißt, Heinrich von Langenstein weiß man Bescheid (vgl. Günther, Geschichte des mathematischen Unterrichtes im deutschen Mittelalter bis 1525, Berlin 1887, S. 180 ff.). Die Existenz einer solchen Schrift Langenstein's wird allerdings von Frisch (a. a. O., S. 812 ff.) in Zweifel gezogen, da ja Taisnier sich durchweg an Petrus Peregrinus anlehne; das ist wohl wahr, allein Langenstein konnte ebensogut wie Taisnier jenen alten Autor ausgeschrieben haben, und wenn wir uns erinnern, dass v. Aschbach (Geschichte der Wiener Universität im ersten Jahrhunderte ihres Bestehens, Wien 1865, S. 366 ff.) einen »Tractatus physicus de reductione effectuum specialium« als von Langenstein herrührend bezeichnet, in dem gewisse neue physikalische Experimente beschrieben sein sollen, so sehen wir nicht ein, weshalb wir dem doch sonst immer glaubwürdigen Kepler hier auf einmal mit Misstrauen begegnen sollen. Überaus auffallend und unseres Wissens noch von keinem Historiker hervorgehoben ist jedenfalls die Erwähnung des magnetischen Telegraphen durch Kepler. Allerdings hat man neuerdings erfahren, dass die Idee einer Gedankenvermittlung auf weite Entfernungen ziemlich weit hinaufreicht. So wies Vorsterman van Oijen (La première idée du télégraphe magnétique, Bullettino di bibliogr. e di storia delle sc. mat. e fis., tomo I, S. 100) darauf hin, dass Wynant van Westen in seinen 1636 zu Arnhem publicierten »Récréations mathématiques« einen Johann im Haag mit einem Peter in Rom durch die homologen Ausschläge einer Magnetnadel correspondieren lässt, allein nach Bertolli (Di un supposto sistema telegrafico magnetico indicato da alcuni autori dei secoli XVI e XVII, a. a. O.) spricht schon Porta von einem solchen Nadelversuche, und nicht minder thut dies Anselm de Boodt aus Brügge in seiner »Gemmarum et lapidum historia« (Hanau 1609), welcher Autor, beiläufig bemerkt, den Magnetpol in die uns nicht unbekannte Meerenge Anian verlegt. Ähnlich schildert

Erst 1607 stoßen wir wieder auf Briefe zwischen Herwart und Kepler, in denen an den von beiden früher so eifrig erörterten Gegenstand wieder angeknüpft wird.[1] Unterm 18. April genannten Jahres schreibt Herwart: »... Ich werde berichtet, als ob in Behaim die Magnetstein wohl zu bekommen seyn sollen. Wolt gern einen großen und wo möglich einen runden, daran die Experientiae Gilberti probiert und gesehen werden möchten, uns Gelt bekommen. Ferner kommt mir ratione magnetis in re nautica fremd für, daß man glaubt, diese Kunst sey erst vor wenig 100 Jahren erfunden, da doch Pachymerius, der nach Conrad Gessner temporibus Athanasii scripsit,[2] meldet, daß der Magnet inclinationem[3] seu sympathiam ad Ursum minorem habe. Man möchte sprechen, daß diese affection bekannt gewest, aber nichtmahlen ad rem nauticam appliciert worden; quod certe videtur refugium nostrum, cum et Homeri aetate tempore nubilo illa querimonia viguerit, nescire cardinales mundi.[4] Wollte gern fundamentalem resolutionem hujus dubii von dem Herrn vernemmen. In dem Theveto Cosmographo Gallo hab ich gelesen, daß er annimmt, das Erdreich protrahiere sich versus septentrionem in die Länge, sey also nit gar rund, sondern in forma cylindrica quodammodo versus boream oblonga. Wann ich nun gedenk, daß ein stylus oblongus chalibaeus, quocunque loco et modo magneti adhibeatur, dannoch in extremitatibus boream et austrum zeigt, dunkt mich, daß durch dieses experimentum dieses assertum Theveti[5] glaublich und physice consectorium werde. Nun kommt mir noch folgendes, das mich oft plagte, zu Gemüth.« Wie kommt es, daß bei Eratosthenes der Meridiangrad 700, bei Marinus und Ptolemaeus dagegen 500 Meilen habe? — In einer Nachschrift vom 26. April nimmt Herwart auf Grund besserer

---

einen Apparat zum Telegraphieren der Jesuitenpater Famiano Strada in seinem »Prolusiones Academicae« (Rom 1617), und auch Sagredo kommt in den bekannten »Gesprächen über das Weltsystem« von Galilei auf die Möglichkeit der Unterredung »per via di certa simpatia di aghi calamitati« zu sprechen. Aus Leurechon's Schrift »La récréation mathématique ou Entretien facétieux sur plusieurs plaisants problêmes« (Pont-a-Mousson 1624) hatte nach Schneider (Zur Geschichte der Physik im XVII. Jahrhundert, 1. Abtheilung, Ellwangen 1885) der deutsche, von Bertelli nicht genannte Mathematiker Schwenter geschöpft, als er (Deliciae mathematico-philosophicae, Nürnberg 1636. S. 346) die Frage stellte und in bekanntem Sinne beantwortete, wie zwei Personen über eine weite Strecke hin einander etwas »mit dem Magnetzünglein« zu verstehen geben möchten.

[1] K. O. O., Vol. V, Frankfurt und Erlangen 1864. S. 41 ff., S. 43 ff.
[2] Es ist offenbar der Byzantiner Georgios Pachymeres (um 1300 n. Chr.) gemeint.
[3] Hier, wie auch im Antwortschreiben Kepler's, wird das Wort »Inclination« seinem richtigen Sinne nach gebraucht.
[4] Die sonderbare Meinung, der große Dichter sei in der Geographie so unbewandert gewesen, dass er nicht einmal die vier Himmelsgegenden zu unterscheiden vermocht habe, besitzt ebensosehr ein hohes Alter wie auch ein zähes Leben. Vor Kurzem erst ist deren gänzliche Hinfälligkeit durch Breusing (Nautisches zu Homeros, Neue Jahrb. f. Philol. u. Pädag., 133. Band, S. 81 ff.) überzeugend nachgewiesen worden.
[5] André Thevet, La cosmographie universelle, Paris 1575 Fol. 111. (ein Werk von mehr denn 2000 Folioseiten). Die Theorie der Erdgestalt, welche Thevet vortrug, war wohl nicht sein geistiges Eigenthum, sondern nur eine classische Lesefrucht. In der von Garet besorgten Gesammtausgabe der Werke des Cassiodorius (tomus II, Venedig 1729. S. 560) ist nämlich Folgendes zu lesen: »Mundi quoque figuram curiosissimus Varro longae rotunditati in geometriae volumine comparavit, formam ipsius ad ovi similitudinem trahens, quod in latitudine quidem rotundum, sed in longitudine probatur oblongum.« Es war also Terentius Varro, der in dieser Weise den Cassinis im XVIII. Jahrhundert vorarbeitete.

geschichtlicher Information das über Pachymeres Gesagte zurück, der viel später gelebt habe, als er selbst zuerst geglaubt, »also daß die antiquitas pyxidis nauticae aus Ihm nit zu beweisen und ich demnach seinethalben nit iner anstehe.«

Kepler's Entgegnung ist vom 24. November 1607 datiert. Wegen eines guten natürlichen Magnetsteines [1] wolle er beim kaiserlichen Hofmechanicus [2] nachfragen, denn, was einem sonst von solchen Steinen in Böhmen unter die Hand komme, sei in der Regel schlechtes Zeug. »Magnetis inclinationem,« führt er fort, »ad polum veteribus notam probas ex Pachymerio et Homero. De Pachymerio respondes alteris litteris . . . . Theveti Galli sententiam de ovi forma in corpore Telluris considero diligenter. Nam puto simile quid ex Hipparcho [3] meo appariturum. Diversis enim methodis, altera ex initio et fine eclipsis totalis, altera ex eclipsium partialium magnitudine, diversae diametri umbrae prodibunt.« [4]

Kepler verbreitet sich dann über das Problem der Erdmessung überhaupt und bemerkt dazu: »Probabilem existimas sententiam Theveti ex eo, quod magnes omni parte sui soleat imbuere ferrum. Atque hoc nihil indicat de figura seu magnetis seu Terrae, sed tantum de natura virtutis, quae polum petit, quod scilicet illa in rectam porrigatur quodque sit cum corpore magnetis divisibilis, sic ut in singulis ejus filamentis rectilineis insideat.« Eine befriedigende Zurückweisung des Herwart'schen Einfalles, die Nordweisung der Nadel sei leichter zu begreifen, wenn man die Erde als ein verlängertes Ellipsoid auffasse, wird man in diesen Worten Kepler's nicht finden, dagegen hat er unbezweifelt Recht mit seinem gleich nachfolgenden Rathe, die Größe des Erdkörpers neu zu bestimmen und zu diesem Zwecke etwa den Centriwinkel zu bestimmen, welchen die an zwei nahe gelegenen Orten des nämlichen Meridianes zum Erdmittelpunkte gezogenen Radien dort miteinander bildeten. [5]

Neben diesem Briefwechsel Herwart's mit Kepler gieng im gleichen Jahre ein anderer her, welcher jetzt ebenfalls noch unsere Blicke auf sich zieht.

Am 16. Januar 1607 erbittet sich Herwart Auskunft wegen der »hypothesis lunaris« des Tycho Brahe und gleichzeitig wegen einer Anleitung zur Schiffahrtskunde, die systematischer gearbeitet wäre

---

[1] Herwart wollte, wie seine Worte andeuten, eine Terrelle Gilbert's nachahmen; wie theuer solch runde Naturmagnete zu stehen kamen, darüber belehrte uns weiter oben der Briefwechsel Galilei's mit dem toscanischen Hofzahlmeister.

[2] Diese Stelle bekleidete damals (seit 1603) der geniale Justus Burgi, gleichzeitig Erfinder der Decimalbrüche, der Logarithmen, eines neuen Proportionalzirkels und — wahrscheinlich — der Pendeluhr (Wolf, Geschichte der Astronomie, München, 1877, S. 274).

[3] Kepler trug sich Jahrzehnte lang mit dem Entwurfe eines großen Handbuches der sphärischen und theorischen Astronomie, welches den Titel »Hipparch« erhalten sollte. Es kam nie zustande, der Autor selbst wollte, daß man die Rudolphinischen Tafeln als Ersatz dafür betrachte (s. u.).

[4] Hier irrt Kepler selbstverständlich. Es ist zur Zeit sehr genau bekannt, daß Äquatorial- und Polhalbmesser der Erde verschieden groß sind — freilich nicht in dem von Herwart vermutheten Sinne — doch ist der Unterschied viel zu gering, um bei irgendwelcher Messung des Erdschattens hervortreten zu können.

[5] Kepler scheint hier an ein Verfahren zu denken, ähnlich dem, durch dessen Anwendung Klose (1833) die Größe des Hauptkreisbogens zwischen Durlach und Straßburg mit ganz gutem Erfolge ermittelt hat (s. J. Müller, Lehrbuch der kosmischen Physik, Braunschweig 1875, S. 50 ff.)

als diejenige des Nonius.[1] Hierauf antwortet Kepler umgehend.[2] Den Nonius kenne er nicht, obwohl er das Buch in Brahe's Büchersammlung habe stehen sehen; er empfehle des H. Grotius »Limenheuretica«,[3] das höchst verdienstvolle Werk Gilbert's über den Magneten und die geistvollen Speculationen des Langaedocschen Edelmannes Nautonnier »De longitudinibus locorum beneficio magnetis in mediis undis addiscendis«,[4] endlich eine ausgezeichnete Karte der europäischen Westküste von unbekanntem deutschem — auch von uns nicht näher zu bestimmendem — Autor, welche genaue Angabe über die allerorts stattfindenden Gezeiten enthalte. »Ex illo Germano nata mihi est haec speculatio: a Luna maria sic attrahi, ut gravia omnia ipsaque maria attrahuntur a Terra.« Dies wird, merkwürdigerweise ohne jede Anspielung auf magnetische Kräfte, weiter ausgeführt. Dann heißt es weiter: »Quales lineae quibus ventis navigentur, hodie alunde docent omnes globi, globorum fragmenta[5] et chartae, maxime Hondii, qui sic adornat suas chartas, ut quae sunt in globo spirales lineae, ipse rectis perfectissime possit exprimere.«[6] Der Schluss dieses Schreibens gehört nicht hierher, sondern in den dritten Abschnitt.

Auf die Idee, durch die Variation der magnetischen Missweisung die geographische Länge zu bestimmen, eine durch seinen Verkehr mit

---

[1] Pedro de Nuñez, ein hervorragender portugiesischer Geometer, machte sich gegen das Ende des XV. Jahrhunderts durch bedeutende Leistungen bemerklich. Er erkannte zuerst die Eigenart der Schifffahrtscurve, welche ein stets den gleichen Kurswinkel beibehaltendes Schiff beschreibt, regte das »Problem der kürzesten Dämmerung« an, ohne es allerdings exact lösen zu können, und gab ein Hilfsmittel zur Ablesung kleiner Bogentheile an, woran noch heute der »Nonius« unserer Winkelmessinstrumente erinnert (die moderne Form dieses Hilfsbogens rührt jedoch von Clavius und Vernier her).
[2] Das Datum »2. Januar« beruht wohl auf einem Druckfehler.
[3] Wie Frisch (K. O. O., Vol. III, S. 457) andeutet, bedarf hier Kepler's Angabe einer Berichtigung. Das betreffende Werk stammt nicht aus der Feder des Hugo Grotius, dessen Bedeutung ja auf einem ganz anderen Felde liegt, vielmehr übertrug dieser Rechtsgelehrte nur Stevin's 1586 erschienenes Buch ins lateinische unter dem Titel Λιμενευρετικη; 1608 fügte Snellius diese Übersetzung (»De portuum investigandorum ratione«) der Gesammtausgabe von Stevin's Werken bei und Girard veranstaltete davon einen französischen Abdruck (»Du trouve port, ou la maniere de trouver les havres«).
[4] Dass Kepler dem Nautonnier Mittheilungen über eigene Declinationsbestimmungen in Graz und Prag gemacht, wissen wir bereits, ebenso, dass er ihm gegenüber die allzu kühnen Theorien seiner Jugendjahre widerrufen hatte. Was man von dem Franzosen weiss, scheint sich nach Frisch (a. a. O.) auf wenige Worte in einem Briefe des Casaubonus an Johann Scaliger zu beschränken: »Est Parisiis minister quidam e provincia Narionnensi, Guilielmus Nautonerius e Castello Franco, qui librum a se compositum editumque Regi ea lege obtulit, si praemium opera dignum vellet rependere. Autor mirabilia promittit de inveniendis nova arte locorum longitudinibus, non per eclipsium observationes, sed hujus inventi sui ope certasque notione magnetici, uti loquitur poli et a mundi polo distantia. Coeli et nautici rei periti in consilium adhibiti et autorem et inventionem μέγα κύδος dilaudarunt; quo merito, Hollandi tui judicabant.« Dieses Urtheil dürfte wohl entgegengesetzt ausgefallen sein.
[5] Was sollen diese »Kugelfragmente« bedeuten? Man möchte fast an jene »gekrümmten Karten« denken, deren Herstellung in unseren Tagen warm empfohlen worden ist (vgl. H. Struve, Die Landkarten, Berlin 1886, S. 55). Pomba, Sul nuovo rilievo d'Italia a superficie curva, Turin 1888.
[6] Kepler zeigt sich hier mit dem Wesen der Loxodrome durchaus vertraut und verdient sonach einen Platz neben Nonius, Stevin und G. Mercator (Günther, Geschichte der loxodromischen Curve, Halle 1879). Auch der Zweck der Seekarten mit wachsenden Breiten erläutert er in den obigen wenigen Worten mit vollster Sachlichkeit, nur irrt er darin, dass er das Verdienst der Erfindung der Mercator-Projection dem Hondius beilegt.

Nautonnier in Kepler angeregte Idee, kommt derselbe später noch einmal, am Schlusse des dritten Capitels der »Epitome Astronomiae Copernicanae« [1]) zurück, allein da ist seine Hoffensfreudigkeit bereits eine sehr herabgeminderte. Wie bestimmt man, so fragt er, den Längenunterschied zweier Orte der Erdoberfläche? Die Astronomen müssen sich mit Finsternis-Beobachtungen behelfen. »Physici

Fig. 10.

tentant modum unum per magnetem rotundum, Terrae effigiem, cujus principia sunt adhuc quidem incerta; postulatur enim, ut sicut axis magnetis naturalis sponte dirigitur in planum meridiani, et sicut polus magnetis mergitur sponte pro ratione propinquitatis loci ad polum Terrae profundius vel altius, ut sic etiam sit in circulo magnetis medio pars certa, quae sponte se convertat ad locum nativum. Quicquid in re sit, observationum certe nonnisi crassam esse eoque minus utilem, verisimile est.« [2]) Besser ist jedenfalls ein zweiter, aus Kepler's eigenem Geiste entsprungener Vorschlag, dessen Durchführung freilich die vorherige Ausbildung der loxodromischen Trigonometrie erfordert haben würde. [3])

Schärfer noch wendet sich gegen Nautonnier — sowie indirect auch gegen diejenigen, welche, wie Pigafetta und Porta (s. o.), sich früher schon mit ähnlichen Gedanken getragen hatten, — die chronologisch letzte Äußerung Kepler's, deren in diesem Abschnitte zu gedenken ist. Dieselbe steht in den Noten zum »Somnium, seu astronomia lunaris«, einer erst posthum erschienenen Schrift, welche in dem Jahrzehnt 1620 bis 1630 ganz allmählich niedergeschrieben wurde und so manche zur richtigen Beurtheilung älterer Kepler'scher Arbeiten höchst brauchbare Materialien enthält. Auch hier wird [4]) wieder das schwierige Problem der Meereslänge besprochen. Man habe zwar die Finsternisse und die »applicationes lunae ad fixos«, [5]) allein der Anwendung dieser Methoden stellten sich manche Hindernisse entgegen. Dann wird die physikalische

---

[1]) K. O. O., Vol. VI, Frankfurt und Erlangen 1866, S. 299 ff.

[2]) Die Worte, dass die Magnetnadel sich umso tiefer senke, je näher sie dem Pole sich befinde, sind doch wohl so aufzufassen, dass sie sich nicht auf die Declinationsnadel, sondern auf die Inclinationsnadel beziehen. Wenn aber dem so ist, so begreift sich der spätere Skepticismus Kepler's hinsichtlich der wirklichen Auffindung eines irdischen Magnetpoles nicht ganz.

[3]) Kennt man für zwei nicht zuweit auseinanderliegende Punkte die Polhöhen $(90°-\frac{a}{2})$ und $(90°-\frac{b}{2})$ — vgl. Fig 10 — sowie das Azimut a des einen Punktes mit Bezug auf den Meridian des anderen (Kepler nennt a den »angulus positionis«), so ist die Längendifferenz λ zu berechnen. Wäre die dritte Seite x der Bogen eines größten Kreises, so hätte man aus den zwei Gleichungen

$$\cos x = \sin\tfrac{a}{2} \sin\tfrac{b}{2} + \cos\tfrac{a}{2} \cos\tfrac{b}{2} \cos\lambda \,;\; \sin x = \frac{\sin\tfrac{b}{2} \cos\tfrac{a}{2}}{\sin a}$$

lediglich x zu eliminieren und erhielte eine Bestimmungsgleichung für λ. »Quem modum nautae quadamtenus imitantur usu rosae nauticae, si in ejusdem venti plagam continuo navigent, altitudinem poli et in loco unde solvunt et ubi appellunt observent. At quia ipsi non in circulo magno navigant (plagam eamdem observantes), sed spiralem globi, missum igitur hunc modum faciamus, ut mere geographicum.« Wie man in Wirklichkeit die von Kepler gestellte, unter den damaligen Verhältnissen jedoch noch keiner Lösung fähige Aufgabe anzugreifen habe, zeigt Grunert (Archiv d. Math. und Phys., 16. Theil, S. 23 ff.)

[4]) K. O. O., Vol. VIII, Frankfurt und Erlangen 1870, S. 51.

[5]) Obwohl eine nähere Erläuterung nicht beigegeben ist, geht man doch wohl nicht fehl, wenn man dieses zweite Verfahren auf die Längenbestimmung durch Monddistanzen bezieht. Die Methode war nicht neu, bereits Amerigo Vespucci hatte sie angewandt, Werner, Peter Apian und Gemma Frisius hatten über sie geschrieben (Wolf, Gesch. d. Astron., S. 379).

Methode in Erwägung gezogen. »Porro magnetis declinatio a meridiano tunc, cum astronomiam lunarem scriberem, in aliqua existimatione fuit, quasi illa ad universaliter arguendas locorum latitudinis[1] sit apta.« Gilbert aber habe mit diesen Hirngespinnsten (»inanes conatus«) endgiltig aufgeräumt. »Non enim est certus in globo Terrae punctus extra subpolarem, ad quem lingula magnetica annuit, sed sunt edita montana regionis cujusque, ad quae lingula nonnihil prolectatur.« Zu dieser Stelle, mit welcher Kepler resigniert allen seinen früheren Bemühungen um die Auffindung des Poles ein Dementi ertheilt, macht Anschütz[2] die treffende Bemerkung; »Hier haben wir die Identificierung der magnetischen Kraft und der Schwerkraft, auf die Kepler seine ganze Astronomie gründete, in einer Gestalt, die eigenthümlich an die Versuche Maskelyne's erinnert.« An diese Analogie wird demnächst unser dritter Abschnitt anzuknüpfen haben, vorläufig aber fassen wir die Darlegungen der letzten Seiten in dem Schlusssatze des zweiten Abschnittes zusammen:

Erfüllt von den hochfliegenden Speculationen, aus welchen sein »Geheimnis des Weltbaues« erwachsen war, gab sich Kepler um die Wende des XVI. Jahrhunderts eifrig dem Streben hin, durch theoretische Überlegungen die Lage des magnetischen Nordpoles ausfindig machen zu können. Seine Hypothese stand und fiel mit der von ihm adoptierten Hypothese Domenico Marias, wonach die Umdrehungsachse der Erde ihre Lage stetig verändern sollte. Jemehr jedoch Kepler einerseits durch das Studium des Gilbert'schen Werkes seine Anschauungen über das Wesen des Erdmagnetismus berichtigte und läuterte, jemehr ihm andererseits exacte Declinations-Bestimmungen die Überzeugung beibrachten, dass die wirklich beobachteten Werthe zu seiner vorgefassten Meinung nicht stimmten, umso entschiedener brach er mit jener älteren Auffassung, bis er endlich die aprioristische Festlegung der Magnetpole, durchaus correct, für ein Ding der Unmöglichkeit erklärte. Darin jedoch, dass er auf den Werth der Inclinationsnadel für die empirische Bestimmung dieser Pole hinwies, traf er ebenfalls das Richtige, wie dies zweihundert Jahre später der von James Ross auf »Boothia Felix« errungene Triumph zur Gewissheit macht.

---

[1] Offenbarer Schreib- oder Druckfehler für longitudines.
[2] Anschütz, a. a. O., S. 105.

DRITTER ABSCHNITT.

Kepler's Theorie der magnetischen Planeten-Achsen und der allgemeinen Anziehung.

Das Maß des Einflusses, welches die anhaltende Beschäftigung mit der Lehre vom Magnetismus der Erde auf Kepler's cosmologische Denkweise und weiterhin auf die ganze Gestaltung seiner astronomischen Lehren ausübte, ist bis jetzt kaum noch ausreichend gewürdigt worden, so viele und tüchtige Forscher sich auch schon in das Geistesleben des unvergleichlichen Mannes versenkt haben.[1] Es ist vielmehr nach dieser Seite hin noch eine wirkliche Lücke auszufüllen; darf auch unsere Bearbeitung nicht hoffen, mit dieser schwierigen Aufgabe endgiltig fertig zu werden, so soll doch ein möglichst ausgiebiger Beitrag geleistet werden, und zwar werden wir auch diesmal, um die allmählich im Denkprocesse erreichten Etappen zu möglichst klarer Anschauung zu bringen, den chronologischen Gang einhalten.

Die der Zeit nach, soweit wir sehen können, erste hierher gehörige Stelle treffen wir an in einem Schreiben Kepler's an Herwart vom 12. Januar 1603, worin auf einen Herwart'schen Brief vom 24. November 1602 Antwort ertheilt wird.[2] Herwart konnte sich mit Gilbert's Ansichten über die Bewegung der Erde nicht recht abfinden:

---

[1] Von älteren Forschern hat keiner sich eingehender der Aufklärung von Kepler's Bewegungen gewidmet, als Apelt, allein dessen größeres hierher gehöriges Buch (Die Reformation der Sternkunde, Jena 1852, S. 256 ff.) sieht vom Magnetismus gänzlich ab, in der ersten Schrift, welche einen monographischen Charakter trägt (Johann Kepler's astronomische Weltansicht, Leipzig 1849, S. 57 ff., S. 71 ff.) ist der Gegenstand berührt, in seiner Wichtigkeit jedoch noch nicht erkannt. Billwiller's Darstellung Kepler als Reformator der Astronomie, Zürich 1877, S. 20 ff.) geht über diejenige Apelt's nur insoferne hinaus, als auch die Schrift »Tertius interveniens« herangezogen wird. Die sehr verdienstliche Arbeit Goebel's ferner (Über Kepler's astronomische Anschauungen und Forschungen; ein Beitrag zur Entdeckungsgeschichte seiner Gesetze, Halle 1871) hält sich zu einseitig an die mathematische Deduction und vernachlässigt die originellen physikalischen Vorstellungen, auf welchen sich jene aufbaute, nahezu gänzlich. Frisch dagegen geht in seiner Biographie (K. O. O., Vol. VIII, S. 1007) auch auf diese letzteren ein, und ebenso thut dies Reuschle (Kepler und die Astronomie, Frankfurt a. M. 1871, S. 166 ff., S. 188), welches Schriftchen überhaupt so ziemlich das beste darstellt, was je auf kleinem Raume über Kepler gesagt worden ist. Die vielversprechende Lebensbeschreibung von Reitlinger, Neumann und Gruner ist leider nicht über den ersten Band (Stuttgart 1868) hinaus gediehen.

[2] K. O. O., Vol. III, S. 414 ff.

»Ich wollt des Herrn judicium, bevorab indem er motum Terrae daran zu erzwingen vermaint, gern vernehmen.« Kepler spricht auch hier wieder (s. o.) sein unbegrenztes Vertrauen zu Gilbert aus, dem er auch dann noch folge, wenn er dessen Angaben nicht mehr persönlich zu verifizieren vermöge. Schon aus seinem Style geht hervor, »virum gravem esse nec vulgarium Italorum similem« — offenbar ein Hieb auf Porta, von dem der Briefsteller unmittelbar vorher zu sprechen hatte. Nur in einem Punkte glaubt Kepler sich gegen Gilbert erklären zu müssen, nämlich hinsichtlich des Verhaltens einer magnetischen Kugel gegen einen ebenfalls magnetischen Massenpunkt. Es könne nämlich Gleichgewicht nur dann herrschen, wenn der fragliche Punkt in der von beiden Polen gleich weit entfernten Aequatorialebene der Kugel sich befinde. Hier ist Kepler zweifellos von einem dunklen Gefühle des Richtigen erfüllt, wie weit er aber noch von wirklicher entfernt Klarheit ist, das zeigt die nachfolgende Betrachtung (Fig. 11). »ACB sei ein meri-

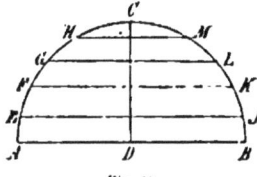

Fig. 11.

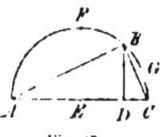

Fig. 12.

dionaler Halbkreisschnitt einer solchen Magnetkugel (»terricula«), AB der Äquator, C der Pol, D der Mittelpunkt; EI, FK, GL, HM seien die in die Zeichnungsebene fallenden Durchmesser beliebiger Parallelkreise. Der anziehende Punkt (»versorium«) wandert so, dass er nach und nach in die Verlängerung jeder einzelnen dieser Parallelsehnen gelangt; dann soll die »declinatio«, d. h. offenbar die Spannung zwischen den zwei von entgegengesetzten Kräften beeinflussten Hemisphären,[1] ebenso wachsen, wie dies die Flächenräume der gemischtlinigen Trapeze ABIE, EIKF u. s. w. thun. Eine auf diesen Gedanken begründete Rechnung habe allerdings keine brauchbaren Resultate ergeben, ein geometrischer Beweis, den Kepler zu geben versucht, ist durchaus nicht überzeugend. ABC (Fig. 12) sei wiederum ein Meridianschnitt, nur sei jetzt A der Südpol, C der Nordpol, B das Centrum einer Magnetnadel. Fällt man von B auf AC die Senkrechte BD, so soll sich die Attractionskraft, welche A auf die Nadel ausübt, zu derjenigen, welche C auf die Nadel ausübt, verhalten wie CD zu AD. Aus geometrischen Gründen ist bekanntlich CD : BD = BD : AD, demnach soll auch annähernd die Proportion gelten: CD : AD = Fläche CDBG : Fläche ADBF. Weder aber ist diese Proportion, auch nur im rohen Umrisse, erfüllt, noch auch ist abzusehen, wie sie aus der vorhergehenden richtigen entfließen sollte. Kepler fühlt wohl auch selbst, dass er auf einem Abwege sich befindet, denn obwohl er auf die Sache selbst später (s. u.) wieder zurückkommt, hat er doch diesen Beweis niemals wiederholt, vielmehr einen bessern ihm zu substituieren sich bestrebt.

---

[1] Diese Spannung sollte eben gleichzeitig auch das Maß für die Ablenkung einer Magnetnadel abgeben, deren Achse in der Gleichgewichtslage durch das Centrum der Kugel hindurchgieng.

Beachtenswerth für die später erfolgte Ausgestaltung von Kepler's Systeme des kosmischen Magnetismus ist ein weiterer Passus [1]) in dem vorliegenden Briefe an Herwart. Unerklärlich sei die Präcession, ohne welche die Erdachse, wie dies auch von vornherein nicht anders erwartet werden könne, stets nach dem nämlichen Punkte der Himmelskugel zeigen würde. Man müsse da doch wohl glauben, dass »anima aliqua in ipsa Terra« vorhanden sein, welche die Achse nöthige, einen Kegelmantel zu durchlaufen. Hier haben wir also die erste Erwähnung jenes unbestimmten etwas, welches bei Kepler als ein wahrer Proteus von bald physikalisch-materiellem, bald psychologisch-transcendentalem Charakter erscheint und gewisse Bewegungen in Gang erhält, deren mechanische Causalerklärung ihm unmöglich wird; es wird sich ergeben, dass die Definition dieser geheimnisvollen Kraft niemals eine stabile wird, sondern fortwährender Schwankung unterliegt. Andererseits beweist hier Kepler wieder sein Verständnis für mechanische Dinge, indem er sich mit Entschiedenheit gegen die von Coppernicus der Erde beigelegte »dritte Bewegung« erklärt. [2])

Der Brief, mit welchem wir uns soeben zu beschäftigen hatten, muss mit einer für jene Zeit ganz ungewöhnlichen Schnelligkeit in die Hände des Empfängers gelangt sein, denn schon am 24. Februar 1603 beantwortet ihn Herwart. »Ich höre gern,« schreibt er, »daß Gilberti Buch de Magnete dem Herrn auch wohlgefällig. Mich gedunkt es unzweyventlich zu sein, daß in hac re noch keiner so weit penetriert. Wie wenig ich gleich jetzt Weyll hab, kann ich doch nit umhin einen Punkten anzuregen.« Kepler scheine den Gilbert nicht als Astronomen von Fach anzuerkennen, weil derselbe über die jährliche Bewegung der Erde keine bestimmte Ansicht zu äußern wage. [3]) In Kepler's sich sofort anschließender Antwort ist als merkwürdig dessen Beleuchtung einer Schwäche der heliocentrischen Lehre enthalten, an welcher die Folgezeit, wenn man auch über deren Hebung lange vergeblich nachgrübelte, sich gewissermaßen heranbildete, bis endlich in unserem Jahrhundert deren endgiltige Beseitigung gelang: wir meinen das Fehlen der Fixsternparallaxen. [4])

In jener Zeit war Kepler bereits so ziemlich im Reinen mit jenem großen Werke, durch welches er die grundstürzende Reform der ganzen theoretischen Astronomie anzubahnen gedachte und auch wirklich anbahnte; die Bahnbewegung des Mars begann sich immer klarer seinem

---

[1]) A. a. O., S. 441 ff.

[2]) Während allerdings schon Rothmann, der Hofastronom des gelehrten Landgrafen Wilhelm von Hessen-Cassel, die dritte Bewegung der Erde als »überflüssig« bezeichnet haben soll, schreibt man doch deren erfolgreiche Bekämpfung gewöhnlich erst der überlegenen Kenntnis Galilei's zu (Wolf, Gesch. d. Astron., S. 258). Es kann jedoch nach obigem keinem Zweifel unterliegen, dass Kepler seinerseits ohne jede Anregung von Außen, und mindestens gleichzeitig mit Galilei, die Nothwendigkeit eingesehen hat, eine zugleich mit Rotations- und Revolutionsbewegung begabte Kugel bedürfe zur Aufrechterhaltung des Achsen-Parallelismus keiner besonderen Nachhülfe.

[3]) Herwart selbst, der ursprünglich ganz auf ptolemäischem — oder höchstens auf tychonischem Standpunkte stand, ist doch durch Gilbert und Kepler schon so weit bekehrt, dass er für die Jahresbewegung der Erde den Umstand als sehr plausibel anführt, mit dieser Bewegung werde die Annahme des größten Epizykels eines jeden Planeten unnöthig. Bekanntlich hatte Coppernicus noch nicht sämmtliche Epizykel des Ptolemäus über Bord geworfen.

[4]) Dass die ganze Erdbahn den Fixsterndistanzen gegenüber »instar puncti« sein müsse, das ist nach Kepler allerdings ein den Coppernicanern vorgesetzter unverdaulicher Bissen: »ingens bolus devorandus est.«

geistigen Auge darzustellen, und sowohl in Briefen an Freunde, als auch in Zusatzbemerkungen zu früher veröffentlichten Schriften begann er allgemach von einzelnen Punkten des neuen Systemes zu sprechen. Wahrscheinlich aus dem Jahre 1604 stammen einige Notizen, welche Kepler zu seinem Erstlingswerke machte,[1]) und welche uns einen Markstein in der Geschichte der Entwicklung von Kepler's Auffassung der allgemeinen Schwere zu bilden scheinen. Zu der Thatsache, dass Coppernicus der Erde mehrere Bewegungen beigelegt,[2]) wird bemerkt:[3]) »Scribendo ego id temporis adhuc didici: ne perturberis igitur multitudine ista motuum: proprie duo tantum sunt, unus ab interno pendens principio convolutionis diurnae circa proprium centrum, alter extrinsecus a Sole telluri illatus annuus circa Solem, etsi moderatur illum formatque vis magnetica fibris Telluris insita.« Dieser Satz führt also erstens in noch bestimmterer Weise das aus, was früher bereits (s. o.) gegen Herwart geäussert worden war, zweitens aber ist es — soweit uns das Studium der Kepler'schen Werke zu solchem Urtheile berechtigt — hier das erstemal, dass der Erde eine auch cosmisch wirksame magnetische Kraft beigelegt wird.[4]) Bald nachher begegnen wir Betrachtungen über die Kräfte, welche die Wandelsterne, vorab den Mond, in ihrer Bahn erhalten.[5]) Schon frühzeitig hatte sich bei Kepler, im Gegensatze zu den Aristotelikern, jene richtige Vorstellung von dem Wesen der Schwere gebildet, welche in der nachstehenden These ihren Ausdruck findet: »Nullum punctum, nullum centrum grave est. Centrum vero omnia ejusdem cum corpore naturae segmentur. Neu pondus ex eo acquirit centrum, quod cetera ad se allicit aut ab illis appetitur: non magis atque magnes, dum actu ferrum trahit, ingravescit.« Diese Behauptung begleitet Kepler mit höchst interessanten Scholien.[6]) Es sei ganz falsch, anzunehmen, dass die schweren Körper nach dem Centrum der Welt hin sich bewegten, vielmehr suchten sie lediglich auf dem kürzesten Wege die Vereinigung mit dem nächst benachbarten massenkräftigen Körper, und nur wenn dieser — Kepler erblickt in diesem Umstande offenbar mehr einen Zufall als eine Naturnothwendigkeit — eine Kugelgestalt besitze, vollziehe sich die Fallbewegung längs eines Radius dieser Kugel. Anders müsste es sich verhalten, wenn die Erdgestalt eine andere wäre: »adeo quidem, ut si Terra figuram haberet distortam sensibiliter, gravia non versus unum undique punctum tensura fuerint.«[7]) Jeder Punkt, auf den keine Anziehung wirkt, bleibt an seinem Orte in Ruhe. »Nam quia omnis materia ad quietem inclinat

---

[1]) Dieses Erstlingswerk war, da wir von einem noch früher gedruckten Kalender absehen zu dürfen glauben, das folgende: »Prodromus dissertationum cosmographicarum, continens mysterium cosmographicum de admirabili proportione coelestium corporum etc.«, Stuttgart 1596.
[2]) K. O. O., Vol. I, S. 114.
[3]) Ibid. S. 119.
[4]) Der Herausgeber Frisch meint zu dieser Stelle (ibid. S. 196), Kepler wolle diese »magnetische Kraft« der Schwere nicht mit dem gemeinen Magnetismus identificieren, und ähnlich urtheilt Reuschle (a. a. O., S. 174). Es ist schwer zu sagen, ob dies für jene frühere Zeit wirklich gilt; später hat sich jedenfalls, wie wir sehen werden, der Unterschied zwischen magnetischer Anziehung und Gravitation bei Kepler mehr und mehr verwischt.
[5]) K. O. O., Vol. I, S. 159.
[6]) Ibid. S. 161.
[7]) In diesen Worten liegt doch offenbar ein durchaus zutreffender Gedanke: die Masse des Erdkörpers ist umschlossen von einer Fläche, auf welcher die Schwererichtungen allenthalben senkrecht stehen, d. h. von einer Niveaufläche. Wir glauben nicht zu weit zu gehen und nicht zu viel modernes in die Aussprüche eines

in loco illo in quo est (nisi corpus vicinum vi magnetica illam ad se alliciat), hinc adeo fit, ut virtus Solis materia pugnet cum hac inertia materiae, sicut in lance pugnant duo pondera, exque utrarumque virium proportione tandem enascentur celeritas vel tarditas planetae.«[1]) Die frühere Meinung, dass die Anziehungskraft des Magneten sich, während er auf ein Stück Eisen einwirkt, nicht verändere, glaubt Kepler berichtigen zu müssen,[2]) weil ihm inzwischen wahrscheinlich klar geworden war, dass Gewicht nichts anderes denn ein Maß der Anziehung, resp. mit Größe der Anziehung überhaupt synonym ist. Zuletzt wird noch darauf hingewiesen, dass die atmosphärische Luft ein materieller, für Licht, Wärme und magnetische Kraft aber permeabler Körper sei.

Im Jahre 1605 begegnen wir Anspielungen auf die Analogie zwischen Magnetismus und kosmischer Massenattraction in dem Briefwechsel zwischen Kepler und David Fabricius.[3]) Jener Brief, welcher zuerst für uns in Frage kommt, ward in Osteel 10. 20. Februar genannten Jahres geschrieben und will in betreff von zehn wissenschaftlichen Streitpunkten die Ansicht des berühmten Freundes einholen.[4]) Der vierte dieser Punkte bezieht sich darauf, ob die Himmelskörper Bewegungen innerhalb unserer irdischen Atmosphäre auszulösen im stande seien. Kepler's Antwort[5]) ist ganz rationell (11. October 1605). Es sei, belehrt er den Fabricius, im allgemeinen unmöglich, das Wehen der Winde aus dem Stande der Gestirne vorauszusagen, die Winde seien — es wird dies an geographischen Belegen nachgewiesen — einzig und allein durch terrestrische Ursachen veranlasst.[6]) Fabricius sei anscheinend

älteren Autors hineinzulegen, wenn wir sagen: Den Begriff der Gleichgewichtsfläche hat Kepler klar erfasst. Die wissenschaftliche Erdkunde der Neuzeit handelt nur in seinem Sinne, wenn sie, unter dem Einflusse von Stokes, Bruns und Helmert, als Erdgestalt oder Geoid eine bestimmte unter jenen unendlich vielen Gleichgewichtsflächen definiert, welche sämmtliche Schwererichtungen unter rechten Winkeln durchschneiden.

[1]) Kepler formuliert hier den einen von den zwei Theilen, in welchen das Gesetz vom Beharrungsvermögen heutzutage ausgesprochen zu werden pflegt, ganz richtig. Aus diesem Grunde beschäftigt sich auch eingehend mit ihm Wohlwill's mustergiltige Abhandlung »Die Entdeckung des Beharrungsgesetzes« an verschiedenen Stellen (Zeitschrift f. Völkerpsychologie u. Sprachwissenschaft, 15. Band, S. 93, S. 118, S. 144 ff.). Nur möchten wir nicht zugeben, dass das Wort Trägheit von Kepler zuerst 1610 in seiner Streitschrift gegen Helisaeus Roeslin ausgesprochen worden sei, da es ja bereits — wenn schon im lateinischen Gewande — in der oben wörtlich angeführten Stelle vorkommt. Man erkennt, wie nahe Kepler hier schon der großen, nachmals von Huygens und Newton gemachten Entdeckung von dem Zustandekommen einer Centralbewegung gerückt war.

[2]) »Manifestum experimentis hoc falsum deprehenditur. Pondera seorsim ferrum, seorsim et magnetem; collige pondera in unam summam. Suspendatur deinde ferrum a magnete vi illa invisibili; magnes vero nectatur a lance aut injiciatur, quia vis permeat lancem, si non sit ferrea; videbis, magnetem dum actu tenet attractum ferrum, aeque ponderatum utrisque, prius ad invicem separatis.«

[3]) Eine biographische Note von Olbers (Astronom. Nachrichten, Nr. 729) hat uns zuerst mit den Lebensumständen dieses bedeutenden, durch Mörderhand umgekommenen Astronomen (1564—1617) bekannt gemacht. David Fabricius bekleidete seit 1584 verschiedene Pfarrstellen in ostfriesischen Dörfern, zuletzt eben in Osteel. Kepler wies ihn unter den Virtuosen der Beobachtungskunst in seiner Zeit nach Brahe den ersten Platz an (Wolf, Gesch. d. Astron., S. 318) und bediente sich seiner Marsörter mit großem Vortheile. David's Sohn Johann muss als der eigentliche Entdecker der Sonnenflecke betrachtet werden.

[4]) K. O. O., Vol. I, S. 352.
[5]) Ibid. S. 355.
[6]) Die vierte Frage des Fabricius hatte diesen Wortlaut: »Venti multa possunt in aëre disponendo. Quaero, an ventorum motores certi sint et praedici possint? Si a planetis venti excitentur, cur in eadem constellatione diversis in locis

freilich noch sehr in den Banden einer »vulgären« Astrologie befangen. Man müsse aber bedenken, dass die Erde in ihrer Kleinheit dem Einflusse der Planeten entrückt sei, wofern man nicht an sympathetische Beziehungen zwischen den einzelnen Weltkörpern denken wolle. »Dico ego, nullam esse sympathiam, quae non in haec dua genera cadat, corporum et animorum. Sympathia inter corpora est magnetica, ut causa loci et temporis idem fiat de uno, quod fit de altero, ut couverso magnete ferrum convertatur. At qualis sympathia, ut, cum planeta quispiam perpetuo moveatur, ventus ipsius interdum saltem consurgat?« Etwas paraphrasiert soll das doch wohl bedeuten: Die magnetische Anziehung ist eine wechselseitige, während von einer Einwirkung der Erde auf den Planeten keine Rede sein kann. Offenbar macht auch der Process der Verflüchtigung des Gegensatzes zwischen magnetischer und anderweitiger Anziehung ihre Fortschritte.

In diesem selbem Briefe [1]) geht Kepler sehr gründlich auf gewisse Einwürfe ein, welche ihm Fabricius zu der -- ihm von deren Urheber in großen Zügen schon vor der Veröffentlichung bekannt gegebenen — neuen Theorie der Marsbewegung übermittelt hatte. Zunächst wendet sich Kepler [2]) gegen die von Fabricius wieder aufgewärmten Gründe, mit welchen dereinst Tycho das coppernicanische System in seinem Briefwechsel mit Rothmann zu bekämpfen gesucht hatte. Unter diesen Argumenten figuriert auch der große Wind, welchen die durch eine feststehende Luftmasse sich hindurch wälzende Erdkugel angeblich erzeugen sollte. Kepler's Erwiderung ist, gegen seine sonstige Sitte, scharf, wo nicht grob zu nennen. »Objectio tua a ventis,« so ruft er aus, »plane ventorum naturam imitatur, nihil efficit nisi strepitum. Quidquid n. de ventis tute ipse judicas et ego judico: si Tellus per vapidum aërem moveretur, jure objiceres ventorum experientiam. At nunc vapor, materia ventorum, consistit intra complexum virtutis magneticae Telluris; cumque sit substantiae tenuis, uti non valde attrahitur ad terram, sic facile transfertur et abripitur a qualicunque virtute magnetica Telluris. Nam vis magnetica fortissima quidem est ratione suae propriae sedis, nempe Telluris, corporis densissimi; illa tamen languescit in objectu materiae rarioris.« Zum Schlusse folgt wieder, im Anklang an das schon früher ausgesprochene Theorem der Geomechanik, die sehr treffende Bemerkung über die Anziehungsrichtung: »Nisi Terra rotunda esset, ad idem ejus commune punctum omnia gravia non tenderent.« Dann heißt es weiter u. a.: [3]) »Omnino sapit magneticam vim excentricitas, ut es in Commentariis meis: ut si globus $\mathcal{S}$ haberet axem magneticum uno polo ⊙ appetentem, altero fugientem, eoque axe porrigeretur in longitudines medias: tunc quam diu versatur in descendente semicirculo, maxime in longitudine media, porrigit polum appetentem

---

diversi flaut, non unus et idem? Quaeso, ut causis tempestatis aliquid operae ponere velis; nam tota meteorologia astrologica ab iis pendet.« Die Möglichkeit, mittelst rein tellurischer Factoren eine Witterungsprognose zu erstellen, lag für das beginnende XVII. Jahrhundert gänzlich ausserhalb des Gedankenbereiches; desto höher müssen wir Kepler's Unbefangenheit veranschlagen, welche ihn einen erkennbaren Einfluss der Gestirne zurückweisen lässt. Nur der einzige Tycho Brahe hat sich vor Kepler von astrometeorologischen Träumen frei zu halten gewusst, vgl. Lacour, Extrait d'un journal météorologique tenu à Uraniborg par le célèbre astronome Tycho Brahe, pendant la période 1582—1597. Kopenhagen 1876.

[1]) K. O. O. Vol. III, S. 99 ff.
[2]) Ibid. S. 458 ff.
[3]) Ibid. S. 102.

versus ☉, itaque semper ad ☉ accedit, sed maxime in longitudine
media, nisi in apsidibus. Et tunc in ascendente semicirculo fugit a ☉.
Fortassis igitur (liceat enim mihi, jucundissime Fabrici, dum tecum
loquor exerceri, dum exerceor proficere) alia aliqua lex est, qua magnes
aliquis fugit et sequitur, quam sinus.« Das weitere bezieht sich auf
Fig. 13. »Posito enim, quod
DFA sit corpus ♂ rotundum et
DA axis magneticus: ego hactenus
posui, ut Marte sic collocato,
ut solem habeat in linea
BC, scilicet in K, ea sit proportio
celeritatis in accedendo
ad celeritatem in recedendo, cum
habet Solem in D, quae est proportio
sinus (versus) IN ad sin.
IB. Et in hac positione inventa
est IN nimis parva, imo fere
justa pro particula librationis,
pro mensura; quid si ergo potius
sic sit haec quoque vera celeritas, ut NC ad BD aut aliqua obliqua?«
Diese Erörterung bedarf nothwendig des Commentares.[1]) Coppernicus
war seinerzeit von der Annahme ausgegangen, die Knotenlinien
der Planetenbahnen giengen nicht durch den Schwerpunkt der Sonne,
sondern durch das »Punctum aequans«, d. h. durch den geometrischen
Mittelpunkt des excentrischen Kreises, in welchem man sich früher die
Sonne um die Erde laufend gedacht hatte, und in welchem die heliocentrische
Lehre nunmehr die Erde um die Sonne laufen ließ. Dieser
Irrthum bewirkte es, dass die berechneten Planetenstellungen für gewöhnlich
— nur im Aphel und Perihel fand naturgemäß Übereinstimmung
statt — von den wirklich beobachteten abwichen. Kepler's erster —
und lange mit Zähigkeit festgehaltener obwohl mehrfach modificierter
— Gedanke war es, den Planetenbahnen gewisse Schwankungen, Librationen,
um eine mittlere Lage aufzuerlegen, so zwar dass der Umfang
eines kleinen Kreises, welchen durchlaufend der Planet eben die
Libration vollzieht, während eines jährlichen Umlaufes der Erde zweimal
durchmessen werde. Später erwies sich dann, als die »eiförmige«
und schließlich die elliptische Gestalt der Planetenbahnen erkannt war,
diese Hilfshypothese mehr und mehr als überflüssig. Vorderhand aber,
wo wir noch in der Zeit der Vorbereitung der Kepler'schen Gesetze
uns befinden, spielt die Libration eine große Rolle, wie wir denn auch
schon oben, in dem Briefe an Herwart, auf sie in ihrer ältesten und
unvollkommensten Form gestoßen sind. Die Achse des Planeten ist
magnetisch, und da während des Totalumlaufes die Planetenkugel nur
zweimal so steht, dass die Planetenkugel dem magnetischen Einflusse
des Sonnenkörpers durch Neutralisierung der anziehenden und der abstoßenden
Kraft vollständig entrückt ist, so muss einmal im allgemeinen
die »appetentia«, das andremal die »fuga« die Oberhand haben. Das
Verhältnis dieser beiden Kräfte will Kepler als eine Function des
Winkels ϕ darstellen, welchen die Verbindungslinie der Centren von
Sonne und Wandelstern mit der Magnetachse des letztern einschließt,
allein da ihm zur Bestimmung von F(ϕ) nur die einzige Relation

---

[1]) Sehr geeignet zur Orientierung ist die Darstellung bei Apelt (J. Kepler's astron. Weltansicht, S. 57 ff.).

F $(90^0) = 1$ zur Verfügung steht, so kann er keine wirkliche Functionalgleichung bilden und auflösen, sondern sieht sich auf jenes Tatonnement angewiesen, welches in seinen Schriften — man denke nur an das geregelte Ausprobieren seines dritten Gesetzes — zum öftern vorkommt und von ihm mit wahrer Virtuosität ausgeübt wird. Im vorliegenden Falle ist begreiflicherweise ein ganz zufriedenstellendes Resultat deshalb nicht möglich, weil die Grundvorstellung, auf welcher das ganze Raisonnement beruht, keine haltbare ist. Immerhin wird uns dieses Thema, in immer neuer Gestaltung, von jetzt an häufig entgegentreten.

Bezeichnen wir das Maß der anziehenden Kraft mit a_1, dasjenige der abstoßenden mit a_2, so wäre nach Kepler's oben dargelegter Annahme

$$\frac{a_1}{a_2} = 1 - \cos \varphi = 2 \sin^2 \frac{1}{2} \varphi.$$

Dies ist jenes Sinusgesetz, von welchem er schon (s. o.) Herwart gegenüber gesprochen hatte; es entspricht wenigstens der Voraussetzung insofern, als für $\varphi = 90^0$ auch $a_1 = a_2$ wird, und wird später verificiert. Aber Kepler ist doch nicht befriedigt: mit den Worten, ob nicht auch »aliqua obliqua ratio« vorhanden sein könne, will er andeuten, das $F(\varphi)$ sowohl eine goniometrische als wohl auch eine Arcus-Function sein könne. Den Charakter dieser letzteren sucht er durch folgende Überlegung zu ermitteln. Gesetzt, es sei der eine Halbkreis, der durch den Durchmesser FI entstanden ist, der zustrebende, der andere der fliehende; alsdann herrscht Gleichgewicht, wenn sich die Sonne in der Verlängerung von FI befindet. Nun steht sie aber in K, und es sei der Diameter MR ⊥ BK. Wird arc IG = arc IM gemacht, so paralysieren sich diese beiden Bogen des zustrebenden und des fliehenden Halbkreises, und die Attractionskraft wird nur noch repräsentiert durch arc RG. Die »vis appetens« a_1 würde demnach $= \text{Const.} (180^0 - 2\varphi)$ zu setzen sein; für $\varphi = 90^0$ würden sowohl a_1 als auch a_2 in den Werth Null übergehen. Allein diese Bestimmung kommt denn doch dem Erfinder selber zu wenig überzeugend vor; in dem Manuscripte des Briefes ist sogar die Randbemerkung »falsum hoc« erkennbar, und so wird denn wieder auf die Trigonometrie zurückgegriffen. Nach mehreren Zwischenbemerkungen schickt sich nämlich Kepler an, eine »demonstratio geometrica et certissima« zu geben. Man denke sich, verlangt er, die Planetenkugel zusammengesetzt aus unendlich vielen Kreisen, deren Ebenen sämmtlich dem Excenter, in welchem der Planet sich bewegt, parallel sein sollen. Jede dieser unzähligen Kreisflächen lässt sich wieder auffassen als ein Aggregat von geraden Linien, und keine dieser Linien wird, da ja die Richtung die gleiche ist, die andere in ihrer Action hemmen können. AD, die magnetische Achse, ist dann nur die Resultante aller magnetischer »Fibern« des Planeten. Der Punkt B befindet sich, wenn die Sonne auf der verlängerten BI sich befindet, im vollkommenen Gleichgewicht: »ergo hoc est quasi aequipondium.« Nun aber sei die Sonne bis zum Radius BCK gelangt. Dann kann BC angesehen werden als das Zünglein einer Wage, deren Arme BA und BD sind, und es werden sich die den Winkeln DBC und ABC entsprechenden Kräfte zu einander verhalten wie DP zu AP. Es ist aber DP gleich unserem a_2 (Maß der »fuga«), AP gleich unserem a_1 (Maß der »appetentia«): »ergo sinus disgressionis planetae ab apogaeo metitur celeritatem accedendi.« Drücken wir Kepler's Schlussfolge in unserer Formelsprache aus, so wird

$$\frac{a_1}{a_2} = \frac{1 + \cos \varphi}{1 - \cos \varphi} = \frac{2 \cos^2 \frac{1}{2} \varphi}{2 \sin^2 \frac{1}{2} \varphi} = \cot^2 \frac{1}{2} \varphi,$$

und für $\varphi = 90^0$ wird auch richtig wieder $a_1 - a_2$, wie es verlangt wird. Kepler's Freude über diesen, nach manch' zweckloser Bemühung erzielten Erfolg ist groß, doch fühlt er selbst, dass ihm auch damit noch nicht über alle Berge geholfen sei. (s. u.)[1]

Wie hier dem Fabricius, so gibt Kepler ziemlich um dieselbe Zeit (im Mai 1605) auch einem Engländer Heydon Nachricht über das Fortschreiten seines Mars-Werkes.[2] Seine Absicht sei es, für jede der scheinbaren Unregelmäßigkeiten der Bahn dieses Planeten die Ursache zu eruieren; wenn ihm dies gelinge, so könne er nur zugleich dem britischen Volke Glück wünschen, weil dessen großer Mitbürger Gilbert ihn in seiner Arbeit so wesentlich unterstützt habe. »Nam quid est, quod planetas circa solem rapit (consentiunt enim Tycho et Copernicus in eo), quid enim nisi effluvium Solis magneticum? Quid vero est, quod planetas facit a Sole eccentricos, quod cogat ipsos ad Solem accedere, ab eo recedere? Nempe effluvium ex ipsis planetarum corporibus magneticum et directio axis?«

Wir schreiten abermals um ein Jahr vor und treffen auf eine Gelegenheitsäußerung, welche Kepler in einem Briefe an den jüngern Hafenreffer[3] gemacht hat.[4] Derselbe will in Tübingen promovieren und holt betreffs der von ihm aufzustellenden Streitsätze Kepler's Meinung ein. Seine zweite These sollte lauten: »Motus corporum coelestium regulares et aequales esse, physici ex eorum natura et perfectione evincunt.« Dass die Bewegungen »regelmäßig« seien, erkennt der um Rath Gefragte an, nicht jedoch, dass sie »gleichmäßig« seien, denn das könne von einer elliptischen Bewegung nimmermehr gesagt werden. Wohl zum erstenmale in seinem brieflichen Verkehr tritt hier Kepler mit dem eigentlichen Kernpunkte seines neuen Systemes hervor (16. November 1605), indem er gleichzeitig das Wesen der magnetischen Kraft als einer radial sich vermindernden kennzeichnet. »Itaque virtutes coelorum non omnes (in una stella) sunt simplicissimae, sed corporeae, hoc est effluxus immateriati ex corpore, quod motum infert, qui ut effluxus ex magnete in longiori distantia attenuuntur et diminuto corpore (si fieri potest) diminuuntur.« — Auf das bevorstehende Werk vom Mars verweist Kepler auch in einer merkwürdigen Stelle seiner Schrift über den neuen Stern von 1606, wo er zugleich die Achsendrehung der Sonne als den Regulator der Planetenbewegung anspricht.[5] »Sol pro

---

[1] K. O. O., S. 104 ff. steht nämlich noch ein Nachtrag folgenden Inhalts: »Sed priusquam triumphum canam, cogitandum de physica causa, qui fieri possit, ut apogaeum conficiatur axe magnetico, manente in directa linea ex ☉? Quidnam est, quod simul fiat, ut ei causam transscribamus? Terra in ♈ volvitur circa axem a septentrione per regionem ♌ in austrum, contra in ♎. Ergone haec causa recessus, illa causa accessus ad ☉. Item in ♋ et ♑ dies aequantur noctibus in toto globo, in ♈, ♎ partes globi carent luce? An igitur haec causa accessus?« Es gibt also noch genug Dunkelheiten aufzuklären.

[2] K. O. O., Vol. III, S. 37. Wegen Sir Christopher Heyden — denn dies ist der eigentliche Name — vgl. C. v. Littrow's Rectoratsrede »Über das Zurückbleiben der Alten in den Naturwissenschaften« (Wien 1869).

[3] Von dem Sohne Hafenreffer, der sich hier an Kepler wendet, scheint Näheres nicht bekannt zu sein: dessen Vater war Professor der Theologie an der Universität Tübingen, Kepler's Lehrer und väterlicher Freund, zugleich ein universell gebildeter Mann, der sich in seinem »Templum Ezechielis« (Tübingen 1613) nach des berühmten Schülers Zeugnisse als in mathematischen Dingen wohl beschlagen erwies (s. die kurze Biographie Gruner's in dem erwähnten Werke über Kepler, S. 99 ff.)

[4] K. O. O., Vol. II, S. 836.

[5] Dass auch der Centralkörper Sonne sich nicht in absoluter Ruhe befinde, lehrte schon Nicolaus von Cues in seinem originellen Werke »De docta igno-

motore est et tuetur mediam mundi stationem immobilis; nisi quod physicis rationibus consentaneum effeci in Commentariis de motibus Stellae Martis,¹) corpus ipsius converti in suo spatio; ut hac conversione speciem immateriatam, motricem, per amplitudinem mundi circum agitet, quam sidera errantia omnia sequantur, ut quodque proprius ita celerius.«

Mannigfaltig sind die Einblicke, welche wir in den Jahren, welche dem Erscheinen der »Astronomia Nova« unmittelbar vorausgehen, in die Geisteswerkstätte des großen Denkers zu thun befähigt sind, und besonders anregend ist es, zu sehen, wie sich die Überzeugung, dass zwischen tellurischem und kosmischem Magnetismus keinerlei qualitativer Gegensatz bestehe, immer fester bei ihm ausbildet. Wieder einen Beitrag hiezu leistet der zweite Theil des Briefes, welchen Kepler am 16. Januar 1607 an Herwart schrieb; den ersten Theil, von Navigationskunde handelnd, haben wir bereits oben kennen gelernt. Wir reproducieren die betreffenden Stellen, indem wir zugleich bemerken, dass das, was hier gesperrt gedruckt ist, von dem Briefsteller selbst unterstrichen war.²) Es handelt sich darum, dem etwas altgläubigen und conservativ denkenden Staatsmann, dem aber doch die Wahrheit der coppernicanischen Lehre mehr und mehr einzuleuchten beginnt, den Übergangsprocess zu erleichtern, und Kepler trifft den richtigen Ton. »Habes itaque jam correctam sententiam. Non ita absurda videtur physicis, stare Solem ac moveri Terram. Sententia de circuitu Solis peccat in regulam; quae possunt fieri per pauciora, non debent fieri per plura. Possunt autem salvari phaenomena stante Sole. Sed nec circuitu opus est ad circuitum ceteris consiliandum, cum sola volutione id possit.³) Denique naturali motui magis est consentaneum, volutione Solis conciliari et inferri ceteris circuitionis necessitatem, dum emanatione virtutis σπάσει vel ἕξει utatur ad circumvolendos ceteros. At quomodo circuitus Solis conciliet ceteris circuitum, id non facile est definire. Nam interdum sol illis contrarius curreret: quod non fit in volutione Solis et cum eo virtutis, quam intelligentiae et similitudinis causa magneticam, debui coelestem dicere. Illa enim virtus in omnibus planetis semper prolectat eodem, nunquam in contrarium.« Es sind, dies liegt am Tage, noch Scrupel darüber vorhanden, ob die durch die Umdrehung der Sonne ausgelöste Kraft-Emanation wirklich eine magnetische genannt werden dürfe, allein das Bedenken ist doch nur ein rein formelles, nominalistisches.

Wenig bisher beachtet, aber als Mittelglied in dem durch das Mars-Werk abgeschlossenen Entwicklungsgange doch gar nicht belanglos ist

---

rantia«; bestimmt sprach sich für eine Umdrehung der Sonnenkugel um ihre Achse Giordano Bruno in dem Buche »De maximo« aus, weil die Sonne in allem und jedem als eine zweite Erde anerkannt werden müsse (Rixner-Siber, Leben und Lehrmeinungen etc., 5. Heft, Sulzbach 1824, S. 216). Kepler hatte also hinsichtlich dieser seiner Behauptung bereits Vorgänger. Dass die Erfindung des Fernglases (1608) die Thatsache bestätigte, Keplor's Bestimmung der Rotationsdauer dagegen illusorisch machte, werden wir weiter unten erfahren.
¹) Man hat sich hier stets gegenwärtig zu halten, dass das Werk, auf welches Kepler fortwährend in Druckschriften und Episteln verweist, noch nicht einmal unter der Presse sich befindet, doch stehen dem Autor die darin abgehandelten Fragen so deutlich vor der Seele, dass er unwillkürlich das Buch als ein bereits fertiges betrachtet.
²) K. O. O., Vol. III, S. 455.
³) Herwart v. Hohenburg hatte auch eine gewisse Translationsbewegung der Sonne als für die Erklärung der Bewegungen im Planetensysteme erforderlich erachtet gehabt.

der ebenfalls dem Jahre 1607 angehörige Briefwechsel zwischen Kepler und Brengger, einen wissenschaftlich gebildeten Arzte, welcher damals in der Reichsstadt Kaufbeuren lebte. Am 1. September schreibt Brengger einen langen Brief, in welchem so ziemlich von allem und jedem gehandelt wird, zumal auch von der Ähnlichkeit zwischen Erd- und Himmelskugel, welche durch Gilbert klar nachgewiesen worden sei. Eine ähnliche magnetische Natur müsse auch sämmtlichen Planeten innewohnen. »Hinc fortasse harmonia illa motus planetarum cum Sole, ut quemadmodum magnetica corpora inter se conspirant, ut non tantum se invicem sequantur, sed etiam ut alterum sese obvertat alteri eique se accomodet secundum directionem, velocitatem, inclinationem et similes dispositiones magneticas naturae suae convenientes, ita planetae ad Solem ceu regem globorum perennium sese convertant et accomodent motu quisque proprio, illumque ambiant et comiteutur libere, virtute insita magnetica analoga, nullis orbibus aut vinculis tracti. Ut non sit opus circulo aeneo (quem princeps Hassiae in hypothesibus Tychonianis desiderabat lib. I. Epist. Tychon. fol. 129) planetas post solem trahente.« Diese directe Identificierung der kosmischen Kraft mit der magnetischen ist für Kepler eine zu grobsinnliche, er verwirft sie also, ohne dass freilich seine Befehdung der Hypothese Brenggers sich viel über einen Wortstreit erhöbe. »Primum a te dissentio,« schreibt er,[1] »in eo, quo tu adduceris, ut mecum consentias. Magnetum enim sympathia non consistit in hoc genere sensus seu perceptionis, qua Terra percipit aspectus coelestes. Magnes enim movetur a corpore quanto, seu ab ejus effluvio, similiter quanto: Terra movetur seu afficitur ab aspectibus, qui non tantum quanti sunt sed etiam rationales: percipit igitur Terra aliquid, quod sola ratio percipit. Magnetes vero a nullo rationis subjecto seu objecto moventur. Posses sympathiam magneticam respectu sympathia coeli et Terrae dicere materialem et corporalem, cum haec sit formalis potius et mentalis seu rationalis.« — Auf der anderen Seite verwahrt sich aber Kepler[2] auch wieder dagegen, den Sternen jene reine Elementarnatur zuzuschreiben, welche sie bei den Scholastikern hatten und welche auch für den gar nichts widersinniges haben kann, der die Bewegung gewisser Gestirne durch eine von der Sonne ausgehende »mentale« Kraft geschehen lässt. Er glaube mit Giordano Bruno und Tycho Brahe an die Bewohnbarkeit der Himmelskörper.[3] »Quo principio posito nihil est opus adscribere motuum cum Sole colligationem sympathiae magneticae. Nam sine usu rationis colligatio fieri non potest; magnes vero caret usu rationis: quodque agit, non circularibus sed rectis agit lineis, ut materiae solent.« Den Unterschied, dass in der Sonne ein intelligentes Agens seinen Sitz habe, im Magnete aber nicht, können wir einstweilen auf sich beruhen lassen; den zweiten Unterschied, dass die Wirkungsweise der Sonne sich in kreisförmigen, die des Magnetsteines dagegen in geradlinigen Bewegungen offenbare, hat Kepler nachmals selbst aus der Welt geschafft. — Brengger will (7. März 1608) die Wesensgleichheit aller Weltkörper nicht anerkennen, er vindiciert vielmehr der Erde eine Ausnahmestellung: dieselbe stehe unbeweglich

---

[1] K. O. O. Vol. II, S. 589 ff.
[2] A. a. O., S. 591.
[3] Wir lernen hier in Kepler einen der ersten Vorläufer jener Speculationen über das Weltgebäude und über die Verbreitung organisierter Wesen an, denen Fontenelle später (Entretiens sur la pluralité des mondes, Paris 1691) den beredtesten Ausdruck verlieh. Vgl. Zoeckler, Geschichte der Beziehungen zwischen Theologie und Naturwissenschaft, 2. Abtheilung. Gütersloh 1879, S. 55 ff.

im Mittelpunkte des Weltalls, drehe sich aber, wie Reimarus Ursus lehre, um ihre Achse.[1]

Somit stünden wir jetzt bei dem Jahre 1609, in welchem die zweite große Reform des kosmologischen Wissens und Denkens[2] sich vollzog, von welcher die Geschichte erzählt. Vielleicht aber empfiehlt es sich, vor dem Hauptwerke noch einer kleinen Gelegenheitsschrift zu gedenken, welche im gleichen Jahre abgefasst wurde, im nächsten erschien und in ihrer populären Form uns den Schlüssel zu mancher Gedankenreihe in die Hand gibt, von der sich in der nach Sprache und Stil complicierten Darstellung des gelehrten Werkes minder leicht ein Überblick gewinnen lässt. Es hat mit dieser Schrift folgende Bewandtnis. Zu Anfang des Jahres 1609 hatte ein badischer Leibarzt Feselius einen anti-astrologischen Tractat ausgehen lassen,[3] worin er aber neben seinem eigentlichen Objecte auch die Astronomie selbst in nicht durchweg zu rechtfertigender Weise angriff. Kepler sah sich durch diese Übergriffe umso eher zur Abwehr veranlasst, als ihm grundsätzliche Befehdung der Astrologie als Wissenschaft überhaupt zu weit zu gehen, das Kind mit dem Bade auszuschütten schien.[4] und so stellte er sich denn bald mit einer ziemlich geharnischten Gegenschrift ein,[5] die in einer Reihe von Thesen die einzelnen Argumente des Angreifers zu nichte zu machen sucht. Es wirkt überraschend, zu sehen, wie gleichmüthig Kepler hier den magnetischen Charakter der Gravitation gelten lässt, bezüglich dessen er noch kurz vorher Brengger gegenüber sich so reserviert verhalten hatte. Die These 50 z. B. lautet: »Die Planeten sind Magneten, und werden von der Sonnen durch Magnetische Krafft umbgetrieben, die Sonne aber allein lebet.« Dazu gehört die folgende nähere Ausführung. »Für meine Person, sage ich, daß die Sternkugeln diese Art haben, daß sie an einem jeden Ort des Himmels, da sie jedesmals angetroffen werden, stillstehen würden, wann sie nicht getrieben werden sollten. Item werden sie getrieben von jhrer selbst eygnen Magnetischen Krafft, durch welche sie einhalb der Sonnen zuschiffen, andertheils von der Sonnen hinweg ziehlen. Die Sonn aber allein hat in jhr selbst ein virtutem animalem, durch welche sie informiert, liecht gemacht, und wie ein Kugel am Drähstock beständiglich umbgetrieben wirdt, durch welchen Trieb sie auch jhre speciem immaterialam ad extremitates usque mundi

---

[1] K. O. O. Vol. II, S. 592. Brengger irrt, wenn er gerade Reimarus Ursus als Vertreter der Ansicht bezeichnet, daß der Erdkugel ausschließlich eine Rotationsbewegung zukomme. Diesen letzten Standpunkt haben vielmehr Origanus und Longomontanus (Wolf, Gesch. d. Astron., S. 245) angenommen, während das System des Reimarus ganz das tychonische war.

[2] Als erste betrachten wir die »Revolutiones« des Coppernicus (1543), als dritte Newtons »Principia naturalis philosophiae mathematica (1687)«.

[3] Feselius, Gründlicher Discurs von der Astrologia Judiciaria: K. O. O., Vol. 1, S. 500.

[4] Diesen Umstand, dass Kepler zwar das Gewerbe des berufsmäßigen Sterndeuters geringschätzte, ohne Beeinflußung der menschlichen Geschicke durch die Stellungen der Gestirne hingegen als möglich anerkannte, hebt Anschütz (a. a. O., S. 97) mit Recht hervor. Dort wird ferner die auch uns ganz einleuchtend erscheinende Vermuthung ausgesprochen, Kepler sei in seiner Zuneigung zur Astrologie durch Melanchthon bestärkt worden, den er nach jeder Richtung hoch verehrte, und der sich bekanntlich wegen seiner astrologischen Liebhabereien von Luther viel Spott gefallen lassen musste (Zoeckler, a. a. O., 1. Abtheilung, S. 790).

[5] Tertius Interveniens. Das ist, Warnung an etliche Theologos, Medicos et Philosophos, sonderlich D. Philippum Feselium, dass sie bey billicher Verwerffung der Sterngnckerischen Aberglauben, nicht das Kindt mit dem Badt ausschütten und hiemit jrer Profession unwissendt zuwider handeln.) Frankfurt a. M. 1610.

diffusam in gleicher Zeit herumb gehen macht, und also succeßive alle Planeten mit herumb zeucht.« Die Rotation der Sonne um ihre Achse ist also auch jetzt wiederum das eigentliche Agens. Was aber vermittelt den Verkehr der rotierenden Sonne mit den Planeten? Auch das wird erklärt.[1] »Ein species immateriata von dem Magnet ist, die da Eysen zeucht. Ein species immateriata von dem Erdtboden, et quidem figurata, figura sui corporis, ist, die den Magnet nach Norden richtet. Ein species immateriata von der Sonnen ist, die alle Planeten in einem circulo umb die Sonnen herumb führt: die ihre quantitates raritatem und densitatem hat: auch wie ein Wirbel bewegt wird, weil sich ihr Brunnquell, die Sonnenkugel, auch umbträhet, wie ich in meinem Buch de motus Martis ans Liecht gebracht.« Ersichtlich ist zwischen der immateriellen Species Kepler's und dem, was die neuere Naturlehre Kraft nennt, gar kein Unterschied vorhanden.

Eine weitere These (Nr. 58) verdient aus dem Grunde von uns hervorgehoben zu werden, weil hier Kepler zum erstenmale die Gezeiten des Meeres mit dem Magnetismus der Erde in Verbindung bringt. Die These selbst ist folgende:[2] »Was der Himmel in den Elementen und consequenter auch in aller Menschen Geschäfften außrichte, per contactum speciei immateriatae lucis corporumque cum elementis. Da auch vom ab- und zulauff deß Meers gehandelt wird.« Daran schließt sich die weitere Ausführung. »Sonderlich hab ich in meinem Buch de Martis motibus gezeigt, wie durch die species immateriatas Lunae et Terrae mutuo commeantes der Ab- und Zulauff deß Meers zu erweisen und zu demonstrirn seye: Da auch ein contactus geschieht speciei immateriatae magneticae fluentis ex corpore Lunae, mit dem Meerwaßer, welcher contactus nicht superficialiter oben hin, sondern gar corporaliter durch die gantze Dicke deß Meerwaßers zugehet.« Wer die im XVI. und XVII. Jahrhundert umlanfenden, zum theil recht sonderbaren Hypothesen über Ebbe und Fluth[3] kennt, wird der Kepler'schen das Lob der Klarheit und Einfachheit nicht versagen.

Das große Werk über die Bewegungen des Mars, diesen Kriegsgott, den Kepler eigenem Ausspruche zufolge nur nach großer Bemühung und unter der Leitung des trefflichen Heerführes Tycho Brahe zu besiegen und in die Banden der rechnerischen Controlle zu schlagen imstande gewesen war, musste von uns schon häufig gelegentlich citiert werden. Es ist nun an der Zeit, uns ihm selbst zuzuwenden.[4] In der Vorrede spricht sich der Verfasser über seine Lehre vom Weltmagnetismus folgendermaßen aus.[5] »Mente carere possunt coelestia: de mente igitur disputo in eum finem, si fortasse facultates magneticae et facultates animales non sufficere alicui videantur. Facultatem magneticam pono in Sole, qua sic agit in corpora planetarum, ut agit magnes in ferrum: hoc tamen discrimine, quod magnes ferrum magis magisque attrahit per egressam virtutis suae corporalis immateriatam speciem:

---

[1] K. O. O., Vol. I. S. 568 ff.
[2] Ibid. S. 598.
[3] Bei Peschel-Ruge (Gesch. d. Erdkunde, S. 434 ff.) sind einige dieser Theorien besprochen, unter denen wohl die von dem bekannten Hydrographen Fournier, einem sonst geschickten Mathematiker, aufgestellte den Preis der Unwahrscheinlichkeit davontragen dürfte.
[4] Astronomia nova αἰτιολογητός, seu physica coelestis, tradita commentariis de motibus stellae Martio, ex observationibus G. V. Tychonis Brahe, Heidelberg 1609. Dieses Werk mit Appendices erfüllt den dritten Band der Ausgabe von Frisch.
[5] K. O. O., Vol. III. S. 14 ff.

Sol planetas per eandem, ut sic dicam, manum non attrahit ulterius, sed retinere secumque circumducere nititur. In planetis pono facultates, magneticis similiores. Habent enim binos polos, quorum altero fugiunt a Sole, altero appetunt Solem; hinc excentricitas. Nec una hujusmodi facultas sufficit planetae. Oportet et alteram addere pro latitudinibus; ubi valde haereo, an et quomodo sedibus distinguantur in uno et eodem planetae corpore. Haec facultas est illi magneticae similis, qua magnes ad polum dirigitur. Cuilibet facultati magneticae adjungo facultatem animalem, convertendi corpus suum circa axem corporis, nulla repugnantia supposita, aequabilissima contentione virium. Haec derogat magneticae, illamque vincit. Cum autem repugnet illa alias fortius, alias imbecillius, hinc mihi nascitur suspicio mentis, quae dictet, quid spectans animalis facultas regne pugnet: quia inaequaliter ei repugnatur.« Unter den sofort sich anreihenden »Axiomata physica de motibus stellarum« gehen uns besonders der vierzigste und einundvierzigste Grundsatz an: »Sol non attrahit planetam in descendente semicirculo, pellit in ascendente, ut magnes; Magnes non pellit ferrum, sed semper in situ unit, at non omni parte pollet hac vi.« Und für das vierunddreißigste Capitel wird gleich jetzt in Entwurfe das Wesen der magnetischen Wirbel signalisiert:[1] »Cum undique moveat in gyrum, nuspiam aliter, Solis filamenta magnetica circularia sunt.«

Suchen wir, ehe wir zur Anwendung dieser hodegetischen Sätze übergehen, uns deren Natur erst recht klar zu machen.[2] Jeder Weltkörper dreht sich um seine Achse, diese Bewegung ist ihm vom Schöpfer selbst direct eingepflanzt. Aus dem Sonnenkörper gehen magnetische Fühlfäden aus, jedoch nicht nach allen Seiten hin, sondern nur so, dass durch sie eine einzige Ebene, nämlich die Aequatorebene der Sonne, erfüllt wird. Je weiter ein Punkt eines solchen Fühlfadens von dem gemeinsamen Centrum entfernt ist, umso geringer ist die magnetische Kraft geworden; bezeichnet man die Distanz mit r, so ist die Anziehungskraft proportional r^{-1} und nicht proportional r^{-2}, wie sie sein würde, wenn der unendliche Raum in Mitleidenschaft gezogen wäre. Dadurch, dass Kepler alle Kraftäußerungen in eine einzige Ebene verlegte, beraubte er sich selbst der anscheinend naheliegenden Möglichkeit, das allgemeine cosmische Attractionsgesetz sechzig Jahre vor Newton zu entdecken. Da die Sonne sich dreht, so thun ein Gleiches die von ihr ausgesandten Magnetstrahlen, und es bilden sich auf diese Weise jene kreisförmigen Wirbel, welche lebhaft an die analogen Wirbel des Cartesius erinnern. Dieselben würden die kugelförmigen Planeten ebenfalls in einem vollkommenen Kreise mit sich herumführen, wenn jene nicht selbst eine magnetische Achse besäßen. Dadurch aber, dass der eine Pol der Planetenkugel von der Sonne angezogen, der andere von ihr abgestoßen wird, entsteht eine Abweichung der Bahn von der Kreisgestalt, zu deren Erklärung ursprünglich die uns schon bekannten Librationen ersonnen waren, während sich diese Anomalien — geometrisch, nicht causal — nachgerade besser dadurch sich erklären ließen, dass man die Trajectorie des Planeten als eine vom Kreise allerdings nur wenig verschiedene Ellipse auffasste, in deren einem Brennpunkte die Sonne sich befand.

---

[1] Ibid. S. 18.
[2] Das Folgende stimmt inhaltlich in den Hauptsachen mit der in der bekannten Reuschle'schen Schrift enthaltenen Darlegung überein.

Diesem kosmischen Magnetismus steht als eine Erscheinungsform des tellurischen Magnetismus die irdische Schwere gegenüber. Im Verlaufe der Einleitung findet sich Gelegenheit, auch ihre Definition schärfer zu fassen.[1] »Vera igitur doctrina de gravitate his innititur axiomatibus: Omnis substantia corporea, quatenus corporea, apta nata est quiescere omni loco, in quo solitaria ponitur extra orbem virtutis cognati corporis. Gravitas est affectio corporea mutua inter cognata corpora ad unitionem seu conjunctionem (quo rerum ordine est et facultas magnetica), ut multo magis Terra trahit lapidem, quam lapis petit Terram.« Dann wird die Schwere nach den einzelnen Modalitäten, unter denen sie in die Erscheinung tritt, besprochen.[2] Wir übergehen weitere Details und bringen gleich den Schluss[3] dieser Darlegung zum Abdrucke. »Denique igitur aedificio fastigium hoc fuit impositum et demonstratum geometrice, librationem hujusmodi effici solere a magnetica corporea facultate. Itaque motores hi planetarum proprii probabilissime ostensi sunt nihil aliud esse, quam affectiones ipsorum planetariorum corporum tales, qualis est in magnete poli appetens ferrumque rapiens: ut ita tota ratio motuum coelestium facultatibus mere corporeis, hoc est magneticis, administretur, excepta sola turbinatione corporis Solaris in suo spatio permanentis, cui vitali facultate opus esse videtur.« Der stets gerne das anorganische Element der Natur mit organischem Inhalte erfüllende Mann war seinerzeit nicht abgeneigt, alle Kraftübertragungen im Kosmos — fast wie die Geographen der patristischen Epoche [4] — durch besondere Intelligenzen besorgen zu lassen, nunmehr aber hat er dieses supranaturalistische Element doch bereits so weit eingeschränkt, dass ihm nur noch die Drehung der Himmelskörper verblieben ist.

Das oben erwähnte, für uns wichtigste Capitel hat an seine Spitze den Satz gestellt:[5] »Corpus Solis esse magneticum, et in suo spatio converti.« Der Beweis dafür trägt natürlich ein ganz metaphysisches Gewand, und Kepler sucht sogar a priori die Dauer des Zeitraumes zu bestimmen, welcher für die Sonne unserem Erdentage entspricht. Drei Tage erschienen ihm als das richtige Zeitmaß — eine kecke Behauptung, deren spätere Zurücknahme wohl keine sehr große Überwindung kostete.[6] Daraufhin erfolgt die schon bekannte Normierung des Attractionsgesetzes: Die Kraft ist proportional r⁻¹ (s. o.). »Ut vero magnes non omni trahit, sed filamenta (ut ita dicam) seu fibras[7] (motoriae virtutis sedem) rectas

---

[1] K. O. O., Vol. III, S. 151.
[2] Neben den schon angeführten Autoren, welche sich um die Enthüllung des Sinnes der Kepler'schen Ideen verdient gemacht haben, nennen wir bei diesem besonderen Anlasse noch Kaestner, der sich (Geschichte der Mathematik, 4. Band, Göttingen 1800, S. 237 ff.) gerade mit dem Werke über den Mars besondere Mühe gegeben hat.
[3] K. O. O., Vol. III, S. 157.
[4] Draper, Geschichte der geistigen Entwicklung Europa's, deutsch von Bartels, Leipzig 1871, S. 151 ff.; Zoeckler, Gesch. d. Beziehungen, 1. Abt. S. 113, ff.
[5] K. O. O., Vol. III, S. 301.
[6] Die Zurücknahme erfolgte 1612 in einem Briefe an Wackher (K. O. O., Vol. II, S. 780). Im Jahre 1608 war das Fernrohr erfunden worden, und mit diesem hatte Scheiner als der erste die wahre Lage des Sonnenäquators bestimmt und, was schwieriger war, für die Rotationsdauer des Centralgestirnes sofort einen recht leidlichen Werth erhalten (Wolf, Gesch. d. Astron., S. 394). Kepler hatte seinen metaphysischen Ideen auch darin zu viel nachgegeben, dass er ohne besondere Begründung als selbstverständlich hinstellte, die Ebenen des Sonnengleichers und der Ekliptik müssten in einander fallen.
[7] Diese »Fibern« oder »Filamente« gaben wir (s. o) im Deutschen durch »Fühlfäden« wieder.

habet per longum extensas, ita ut ferri lingulam, si medio loco inter
capita magnetis a latere consistat, non attrahat, sed tantummodo paral-
lelon suis fibris dirigat: ita credibile est, in Sole esse non ullam vim
planetarum attractoriam, ut in magnete (accederent enim ad Solem tan-
tisper, donec cum ipso conjungerentur penitus), sed tantum directoriam,
ideoque fibras habere circulares in eam plagam circumporrectas, quae
monstratur a circulo zodiaco. Sol itaque sese vertente perenniter, convertitur et in orbem vis motrix seu defluxus ille speciei a fibris Solis
magneticis, per omnia planetarum diastemata diffusus, et convertitur
eodem tempore cum Sole: non secus atque ad translationem magnetis
ipsa quoque virtus magnetica transfertur et una ferrum ipsam vim
magneticam insequens.« Sei ja doch, wie Gilbert aufs Überzeugendste
dargethan habe, auch die Erde nur ein großer Magnet und drehe sich
dieser ihrer magnetischen Eigenschaft halber ebenso um ihre Achse,
wie er, Kepler, dies für die Sonne annehme. Diese Erde nehme durch
ihre Rotation und die mit dieser umgetriebenen magnetischen »Filamente«
auch den Mond mit sich herum: »ut jam jure optimo Lunam ab hac
Terrae convolutione ejusdemque virtutis magneticae translatione rapi
statuerim, triginta tamen vicibus tardiorem.« Und weiter: »itaque plausi-
bile est, cum Terra Lunam cieat per speciem, sitque corpus magneticum,
et Sol planetas cieat similiter per emissam speciem: Solem itaque
similiter corpus esse magneticum.« Wenn man dies liest, darf man
nicht vergessen, dass Kepler damals noch keinerlei thatsächliche Kenntnis von der Achsendrehung der Sonne hatte, sondern sich, ganz ebenso
wie vor ihm Jordanus Brunus (s. o.), auf hypothetischem Gebiete be-
wegte. Was die »virtutes planetis insitae« anbetrifft, so werden dieselben
nach und nach »a mentis partibus ad naturae partes et magneticas
facultates zurückgeführt.[1] Auch Kepler sieht eben seine Aufgabe
dann erst als gelöst an, wenn die von ihm aushilfsweise zugelassenen
geistigen Potenzen im Weltmechanismus ausgemerzt und durch rein
causale Beziehungen, wie sie ihm beim damaligen Stande des Natur-
wissens lediglich der Magnetismus bieten zu können schien, ersetzt
worden sind.

Im siebenundfünfzigsten Capitel wird die Frage aufgeworfen:[2]
»Quibus naturae principiis efficitur, ut planeta libretur quasi in diametro
epicycli?« Das Wort »gleichsam« weist hier darauf hin, dass der Autor
diese anscheinend libratorische Bewegung richtiger zu interpretieren
gelernt hat. Zunächst wird das Bild eines kreisförmig fließenden Stromes
zu Hilfe genommen und untersucht, welche Stellung ein in diesen Strom
eingesetztes Schiff je nach der Stellung des Ruders gegen den seinen
Mittelpunkt einnehme. »Flumen est species immateriata virtutis in Sole
magneticae. Quin igitur et remus de magnete quippiam habeat? Quid
si ergo corpora planetarum omnia sunt ingentes quidam rotundi magnetes? De Terra (una ex planetis, Copernico) non est dubium. Probavit
id Guilielmus Gilbertus.« Das obige Bild wird sodann weitläufig aus-
gemalt. »Imo vero ipsam vim, quae retinet axem magneticum in situ
parallelo, derogans directioni axis in Solem, ab occupatione mentis, cui
illam paullo ante permiseramus, ad naturae munia traducere possumus.
Nam etsi obstare videtur, quod natura uno et eodem modo agat, haec
vero vis retentrix videatur aliis temporibus aliter contendere, utpote
annutu, axis Solis, cui impellendo comparata est, in longitudinibus mediis

---

[1] K. O. O., Vol. III, S. 315 ff.
[2] Ibid. S. 386 ff.

evanescente, in aphelio vero et perihelio fortissimo existente: at quid vetat, vim hanc retentionis esse multis partibus fortiorem quam annutum axis ad Solem, atque ita illum ab adversario tam imbecilli vel nihil parum admodum fatigari? Exemplum rursum capiamus ex magnete. In eo manifestissime permixtae sunt duae virtutes, altera directionis ad polum, altera ferri appetens. Itaque si lingula seu acus nautica dirigatur versus polum, accedat vero ferrum a latere, acus a polo declinat parumper et ad ferrum inclinat, atque ita indulget familiaritate ferri, sic tamen, ut plurimum polo tribuat. Hinc adeo fieri putat Gilbertus, ut lingula a polo ad praecipuae magnitudinis continentes declinet, atque ita causa declinationis hujus insit in Terrarum tractibus, prout a dextris vel a sinistris altiores, majores et virtute pollentiores in propinquo sunt.« Offenkundig ringt sich hier Kepler zu einer statischen Auffassung durch, welche ihn sehr nahe an den Satz vom Parallelogramm der Kräfte heranführt, und seiner ganzen Deduction wäre beizupflichten, wenn er etwa statt des Magnetismus von Schwere, statt der Magnetnadel von der Pendelkugel spräche.

Sofort nimmt er jetzt auch wieder die Untersuchung nach dem wahren Charakter der früher schon vielfach discutierten Librationsfunction F(φ) auf. DA (Fig. 14) sei

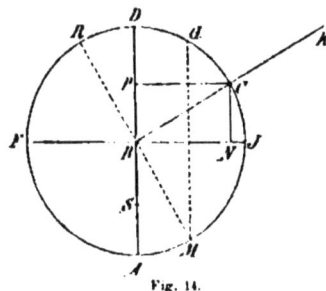

Fig. 14.

die magnetische Achse der Marskugel, DAF jener Meridiandurchschnitt letzterer, welchem auch die in K befindliche Sonne angehört, D sei der die Sonne fliehende, A der sie suchende Pol. Wie schon erwähnt, glaubt Kepler die Achse als Repräsentanten der doppelt unendlich vielen magnetischen Parallelselmen des Planeten ansehen zu dürfen. »Sit ergo loco totius corporis omniumque ejus filamentorum medius axis DA ad speculandum propositus. Wenn Fl, wie in der Sonnennähe oder Sonnenferne, durch die Sonne hindurchgeht, so besteht Gleichgewicht zwischen den beiden Kräften a₁ und a₂ (s. o.), deren Verhältnis eben F(φ) gleich ist. Sein Schluss ist auch diesmal dem uns bereits bekannten nachgebildet, nur macht er jetzt von einer sehr geschickten Infinitesimal-Betrachtung[1])

---

[1]) Später (im fünften Buche der »Epitome« gibt Kepler selbst an, für seine Methode sei eine analoge Schlussweise in lib. VIII der »Mathem. Sammlung« des Pappus bestimmend gewesen (vgl. wegen dieser kostbaren Reliquie antiken Forscherfleißes Cantor, Vorlesungen über die Geschichte der Mathematik. 1. Band. Leipzig 1880, S. 376 ff.). Kepler sucht das Maß aller »fortitudinum seu impressionum per omnes partes aequales circuli«; d. h. er zerlegt den Winkel φ in unendlich viele unendlich kleine Theile und addiert deren Sinus sämmtlich zusammen, oder, modern gesprochen, er bildet

$$\int_0^\varphi \sin x \, dx = -\Big|_0^\varphi \cos x = 1 - \cos\varphi = \sin \text{vers}\varphi.$$

Eine Ableitung der Formel, bei welcher der Kunstgriff des Integrierens umgangen wird, gibt Frisch (K. O. O., Vol. III, S. 501) in seinen Begleitnoten. Man hat Kepler immer unter den Vorläufern der Infinitesimalrechnung aufgeführt (vgl. Gerhard, Die Entdeckung der höheren Analysis, Halle 1855, S. 15 ff.), allein, soweit wenigstens unsere Kenntnis reicht, noch niemals wegen der obigen, sein Anrecht besonders kräftig begründenden Stelle.

Gebrauch, durch welche er sich zu dem Resultate F(φ) = sin vers φ geführt sieht, das für φ = 90° die Function F(φ) in 1 übergehen lässt. Man muss über die Beharrlichkeit erstaunen, mit welcher Kepler um die Lösung dieses der Natur der Sache nach unlösbaren Problemes rang, und über das hohe Maß von Scharfsinn, welches dabei zur Entfaltung gelangte. »Cum ergo demonstratum sit,« so beendet er diese Untersuchung,[1]) »magnete aliquo sic accomodato, ut ponimus in coelo accomodata esse corpora planetarum ad Solem, librationem corporis magnetici futuram talem, quam metiatur sinus versus causa confecti spatii, testentur vero observationes, corpus planetae librari in eadem mensura sinus versi, anomaliae eccentri: valde igitur consentaneum est, planetarum corpora esse magnetica, sic ad Solem disposita, ut diximus.« Verschiedene Stellen beweisen dann noch, dass eine befriedigende physikalische Deutung dessen, was er ursprünglich als »mens planetarum« bezeichnet hatte, Kepler noch unausgesetzt zu schaffen machte.[2])

Von dem weiteren Inhalte der »Neuen Astronomie« haben wir nur noch diejenige Abtheilung hervorzuheben, welche sich mit der »vis tractoria« des Mondes und deren Einwirkung auf unsere Hydrosphäre beschäftigt. Es ist Kepler bekannt, dass die höchsten Flutstände nicht genau im Momente der Mond-Culmination eintreten, und er führt dies darauf zurück, dass das Meerwasser dem rasch dahineilenden Monde wegen seiner Trägheit nicht so rasch folgen könne. Die Thatsache, dass täglich zweimal eine Flutwelle die Erdkugel umwandert, steht klar vor dem geistigen Auge des Mannes, der selbst niemals die See zu Gesichte bekommen hatte. Auch einige für den Geographen Kepler bezeichnende Stellen über die morphologische Bedeutung der Gezeiten fehlen nicht.[3])

Indem wir die durch ihre systematische Abgeschlossenheit ausgezeichnete Darstellung der »Epitome« bis zuletzt aufsparen, verweilen

---

[1]) K. O. O., Vol. III, S. 391 ff.

[2]) Es findet sich (a. a. O., S. 386) die folgende Randbemerkung: »Planetae mens, siquidem intenta est ad anomaliae conequatae angulum, non aestimat ejus magnitudinem, sed sinum.« Und gleich nachher (a. a. O., S. 386) sucht Kepler die Definition abermals etwas umzugestalten: »Dixi hace hactenus cum conditione, si libratio, de qua testantur observationes, nequeat perfici a virtute aliqua magnetica planetarum corporibus insita, et si omnino necesse fuerit, nos ad mentem confugere. Ceterum si comparare libeat illam naturalem et hanc mentalem motionem: illa quidem per se stat, nihil indigens; haec vero mentalis, quomodocunque illam animali facultate movendi corporis instruas testimonium illi magneticae perhibere ejusque subsidia accessere videtur.« Animalisch, d. h. seelisch, könne die tragliche Kraft nicht sein: »nequit enim facultas animalis transportare corpus suum de loco in locum (ut requiritur in hac libratione) sine potestate alterius corporis adminiculantis.«

[3]) Ibid., S. 151. »Hinc, ut obiter excurram, accumulantur syrtes, arenarum cumuli; nascuntur aut eradiuntur in vorticosis anfractibus (ut pro sinu Mexicano) insulae innumerabiles; videturque Indiarum mollis, beata et friabilis terra hoc fluxu et eluvie aeterna tandem esse perrupta atque perfossa, adjuvante Terrae motu aliquo universali, cum olim a Chersonneso aureo versus orientem et meridiem continua fuisse perhibeatur, jamque effusa oceano, qui a tergo erat inter Sinas et Americam, litora illa Moluccarum aliarumque insularum in altum exporrecta, quippe subsidente maris superficie, fidem hujus rei opprimunt.« Kepler würde sich also, wenn es sich zu seiner Zeit bereits um die Aufstellung »genetischer Inselsysteme« gehandelt hätte, jedenfalls bei einer Vielzahl von Eilanden für Festlandbruchstücke entschieden haben; im Gegensatze zu Varenius, welcher die meisten Inseln als gehobenen Meeresgrund ansprechen wollte. Die Zurückführung geologischer Catastrophen auf das vereinte Zusammenwirken von Erdbeben und Sturmfluthen erinnert übrigens unwillkürlich an die von E. Sueß (Das Antlitz der Erde, 1. Band, Prag-Leipzig 1885, S. 91) bezüglich der mesopotamischen Sintfluth gewonnenen Ergebnisse.

wir noch bei einigen für uns bemerkenswerthen Äußerungen, über deren zeitliche Entstehung wir nicht völlig genau unterrichtet sind. In jenem handschriftlichen Nachlasse, welchen die Kaiserin Katharina II. für Russland erworben und später die Sternwarte von Pulkowa an sich gebracht hat, befindet sich auch Kepler's Verdeutschung des dreizehnten und vierzehnten Capitels des Aristotelischen Buches »De Mundo« nebst commentierenden Noten. Anlässlich der Behauptung des Stagiriten, dass der Erde durch ihre Beschaffenheit eine centrale Stellung angewiesen sei, meint der Übersetzer,[1]) das sei nur sehr bedingt wahr. »Sie selber zwar die Erde, als ein übergroßer Leib, zeucht an sich durch eine magnetische Krafft alle andere leibliche Geschöpfe, doch eins mehr als das andere, das Wasser mehr dann den Lufft und den Lufft mehr dann das Feur, daher dann folgt, weil Waßer, Luft und Feur flüßige Dinge sind, die einander weichen, und sich überall theilen lassen, daß das Feur sich durch den undersich strebenden oder gezogenen Lufft übersich treiben leßet, und Lufft läßt sich durchs Wasser, welches undersich begehret, übersich treiben. Das thuet alles die Erde mit ihrem magnetischen Zug... Es gehöret außerhalb ihrer eine magnetische Krafft dazue, durch welche sie herumbgeführt werde. Die ist nun in dem überaus großen Körper der Sonnen[2]) eingewurzelt, von dannen sie in die weite Welt außfließet und alle Planeten, wan sie einen jeden erreichet, den Weg hinumraffet und treibet, welchen Weg die Sonne selber, ihr Brunnquell, sich walzet.« — Eben hier lässt uns auch Kepler einen klaren Einblick in sein Verständnis des Satzes der Gleichheit von Wirkung und Gegenwirkung thun, das umso mehr verwundern muss, da ja doch erst Newton die heute übliche Formulierung dieses Grundsatzes gegeben hat.[3]) »Diese Frag,« sagt Kepler, »erörtere ich mit dem Exempel zweier ungleicher Magneten; man lege sie in kleine gleiche Schifflein, lasse sie in einem weiten Geschirr umbschwimmen; sie werden einander entgegen schiffen, der schwächere wird viel, der stärkere wird wenig fürsetzen.«[4])

Wenig bekannt ist auch unter Sachkennern, dass Kepler die (wahrscheinlich pseudo-) plutarchische, für die Geschichte der astronomischen und physischen Geographie manch' werthvollen Wink darbietende Schrift[5]) »De facie in orbe lunae« übersetzt und erläutert hat. Darin

---

[1]) K. O. O., Vol. VII, Frankfurt und Erlangen 1868, S. 747 ff.

[2]) Die Größe des Halbmessers der Sonnenkugel wusste Kepler noch nicht richtig anzugeben, da zu seiner Zeit die Parallaxe der Sonne noch allseitig um ein Bedeutendes überschätzt wurde.

[3]) Sir Isaak Newtons Mathematische Principien der Naturlehre, deutsch von Wolfers, Berlin 1872, S. 32.

[4]) Von diesem Vorgange Kepler's wusste Rohde, ein bekannter Mathematiker des ausgehenden XVIII. und beginnenden XIX. Jahrhunderts nichts, als er seinem Lehrer Lichtenberg seine Dissertation »Über Newtons drittes Grundgesetz der Bewegung« (Potsdam 1799) widmete, denn der Hauptversuch mit schwimmenden Magneten ist darin, nur ausführlicher, fast wörtlich ebenso wie von Kepler beschrieben. Ganz überzeugend kann heute allerdings dieses Experiment deshalb nicht mehr dastehen, weil nach den umfassenden Untersuchungen von Bjerknes — man sehe dessen Selbstreferat in Koenigsberger-Zeuner's »Repertorium« (1. Band, S. 264 ff.) nach — zwei benachbarte in einer Flüssigkeit schwimmende Körper, auch ohne magnetisch zu sein, sich nicht ganz gleichgültig gegen einander verhalten. Rohde kann, beiläufig bemerkt, durch seine Schrift »Jahreszeiten von höherer Ordnung« (Königsberg i. Pr. 1800) auch als Vater der die Namen Adhémar's, Croll's, Schmick's, Pilar's und anderer tragender Hypothesen gelten.

[5]) Auf diesen eigenthümlichen Dialog verweist A. v. Humboldt mehrfach im astronomischen Theile des »Kosmos« (3. Band, S. 541 ff., S. 544).

spricht er sich auch wieder über Ebbe und Flut aus:[1] »Modus talis est, ut Luna, non in quantum humida vel humectans, sed in quantum est massa, massa Terrae cognata, vi magnetica trahat aquas.« Von neuem sehen wir, wie dem rastlosen Denker der Begriff der Massenattraction von Jahr zu Jahr mehr in Fleisch und Blut übergeht.

Endlich ist auch »der Traum« (s. o.) nicht ganz arm an Stellen, deren Verwerthung uns obliegt. Gleich im Anfang wird die wechselseitige Anziehung zweier Körper richtig definiert,[2] »Gravitatem ego definio virtute magneticae simili, attractionis mutuae. Hujus vero attractionis major vis est in corporibus inter se vicinis, quam in remotis. Fortius igitur resistunt divulsioni nuius ab altero, cum adhuc sint vicina invicem.« Wäre von hier wohl noch ein sehr weiter Schritt zur Conception des Factums der allgemeinen Schwere gewesen? In weiterer Ausführung wird — zum erstenmale — die Nothwendigkeit betont, auch der Sonne ihren Antheil an der Erzeugung der großen irdischen Gezeitenwelle zukommen zu lassen:[3] »Aestuum maris causae videntur esse corpora Solis et Lunae, trahentia aquas maris vi quadam magneticae simili.« Und mit Bestimmtheit wird hinzugefügt, dass die Gewässer des Mondes[4] ganz ebenso durch die Anziehung des Erdkörpers in Bewegung gesetzt werden müssten.

Am meisten nähern sich systematischer Durcharbeitung die Anschauungen Kepler's, wie er sie in seinem großen populär-astronomischen Werke, denn so sind wir wohl die »Epitome«[5] zu nennen berechtigt, niedergelegt hat. Hier werden die einzelnen Fundamentalpunkte des neuen Systemes in möglichst conciser Form hingestellt und mit Beweisen versehen; die bisherige genetisch-discursive Darstellungsweise hat einer mehr dogmatischen Platz gemacht. Nachdem im vierten Buche der Satz aufgestellt ist, dass die Sonne kraft ihrer eigenen Achsendrehung die Planeten mit sich herumführe, heißt es:[6] »Potes rem aliquo exemplo declarare? Nimirum hic subsidio venit nobis illa sympathia magnetis et lingulae ferreae, magnete imbutae, cujus illa vim combibit. Converte magnetem in vicinia lingulae, convertetur simul lingula. Etsi prensatio formae diversae est, vides tamen, uti neque hic intercedat ullus contactus corporum.« Das Analogon ist freilich kein schlagendes, Kepler aber

---

[1] K. O. O., Vol. VIII, S. 118. Da das »Somnium« jedenfalls erst nach 1620 entstand, so hat mit obiger Wiederholung seiner alten Theorie Kepler selbst diejenige Verschlechterung derselben wieder beseitigt, zu welcher ihn in der »Harmonice Mundi« wahrscheinlich äußere Schiebungen veranlasst hatten (Humboldt, Kosmos, 3. Band, S. 19).

[2] K. O. O., Vol. VIII, S. 47.

[3] Ibid. S. 61.

[4] Die Ansicht, dass die dunkleren, zur Reflexion des auf sie fallenden Sonnenlichtes minder geeigneten Partien der uns zugekehrten Mondhalbkugel Wasseransammlungen seien, war bis ins XVIII. Jahrhundert allgemein verbreitet, da die ersten Selenographen (Galilei, van Langren, Riccioli, Hevelius und De la Hire) dieser Meinung waren. Den ersten Zweifeln hierüber begegnet man in der Schrift eines gewissen Schoen »Sind die bisherigen Landcharten vom Monde richtig?« (Leipzig 1756).

[5] Epitome Astronomiae Copernicanae, Linz 1618. Das Buch ersetzt zu einem Theile jenen »Hipparch« oder jenes »neue Almagest«, mit dessen Ausarbeitung Kepler wegen Mangel an Zeit nicht fertig werden konnte (Wolf, Gesch. d. Astron., S. 307). In dieser Schrift spricht sich Kepler auch über das Verhältnis der copernicanischen Lehre zur Bibelauslegung aus (Anschütz, Johann Kepler als Exeget, Zeitschr. f. kath. Theol., 14. Band, S. 1 ff.; Schuster, Johannes Kepler und zwei Weltfragen seiner Zeit, Graz 1887, a. v. O).

[6] K. O. O., Vol. VI, S. 344.

kam es wesentlich nur darauf an, zu zeigen, dass auch in unseren kleinen irdischen Verhältnissen eine **Fernwirkung ohne directen Anstoss** existiere, und dieser Hinweis ist ihm geglückt.

Von hier wendet sich die Erörterung dem Umstande zu, dass der eine Endpunkt der magnetischen Achse eines Wandelsternes von der Sonne angezogen, der andere von ihr abgestoßen werden soll.[1] »Quomodo fieri potest, ut totum corpus planetae sit simile vel cognatum corpori Solis, pars tamen planetae amica Soli, pars inimica? Nimirum etiam cum magnes magnetem trahit, corpora sunt

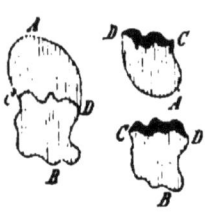

Fig. 15.

cognata, tractus tamen, fit una sola parte, repulsus opposita. Haec igitur amicitia et inimicitia ab effectu concursus aut fugae denominantur, non a dissimilitudine corporum.« Wieder wird der Magnetstein zum Vergleiche herangezogen (s. Fig. 15). »In magnetibus quidem diversitas est ex situ partium in toto. Nam si lapidem magneticum AB confregeris in CD, fragmenta, utcunque transponantur, non aliter se mutuo attrahunt, quam per easdem utriusque fragmenti partes A et CD utquae prius in lapide integro spectabant eandem mundi plagam; quodsi talis fiat applicatio fragmentorum, ut situs partium inter se pristinus sit, ut CAD, BCD: tum fragmenta se mutuo repellunt.« Am Himmel gestaltete sich die Sache allerdings insofern etwas anders, als die Sonne keine besonders ausgezeichneten Stellen besitze, sondern allseitig mit der Kraft begabt sei, den Planeten je nach Umständen anzuziehen oder zurückzustoßen. »Itaque credibile est, centrum corporis Solaris respondere uni extremitate vel plagae magnetis, superficiem vero totam alteri magnetis plagae. Et in corporibus igitur planetarum, quae pars vel extremitas in primo rerum exortu inque prima collocatione planetae Solem spectabat, illa centro Solis cognata est, illa a Sole trahitur; quae vero a Sole versus fixas extensa erat, illa superficiei Solaris naturam est nacta, illa si ad Solem convertatur, Sol planetam a se repellit.« Bei aller Fremdartigkeit dieser ganzen Anschauungsweise bleibt doch die Geschicklichkeit anzuerkennen, mit welcher Kepler das magnetische Grundgesetz, »Gleichnamige Pole stoßen sich ab, ungleichnamige ziehen sich an«, auch auf den Weltraum auszudehnen weiß.

Die neuerdings so viel umstrittene Frage, ob denn nicht doch zur Übertragung von Bewegungsimpulsen eine vermittelnde Materie vonnöthen sei,[2] wird nicht umgangen; ja Kepler macht sich selbst einen solchen Einwurf:[3] »Si de ipso Solis corpore agaretur, possem in illo concedere hanc potentiam naturalem movendi: sed tu educis hanc potentiam materialem a corpore, et statuis eam sine subjecto in amplissimo aethere; hoc absurdum videtur.« Man meint einen Zoellner reden zu hören. Allein Kepler, was für seine Zeit nur zu billigen ist, verweist einfach auf das Beispiel des Magneten

---

[1] Ibid. S. 345 ff.

[2] Die Polemik gegen die Fernwirkung durch den leeren Raum, die man — keineswegs mit vollem Rechte — gemeiniglich als durch den bekannten Brief Newtons an Bentley eröffnet annimmt, nimmt neuerdings immer größere Dimensionen an; vgl Zoellner, Principien einer elektrodynamischen Theorie der Materie. Leipzig 1876. S. 1—94; Isenkrahe, Das Räthsel der Schwerkraft. Braunschweig 1879.

[3] K. O. O., Vol. VI, S. 347.

III. Abschnitt.

(s. o.); das »subjectum analogum« sind die unsichtbaren magnetischen Fühlfäden, die »fibrae a centro prorectae«.

Erde und Mond erklärt[1]) der weitblickende Mann mit Bestimmtheit für verwandte Körper (»cognata corpora«). Als Zeugen für diesen Sachverhalt lassen sich verschiedene antike und mittelalterliche Schriftsteller — Aristoteles, Plutarch, Macrobius Averroes, der den Mond für eine »ätherische Erde« hält — anführen; neue und unwiderlegliche Beweisgründe dafür habe das Fernrohr geliefert. »Quemadmodum igitur, ut magnes magnetem aut ferrum trahat, cognatio corporum efficit, sic etiam de Luna non est incredibile, ut illa moveatur a Terrae cognato corpore, licet nec hic nec illic intercedat aliquis contactus corporum.«[2])

Hier auch begegnet uns, anklingend an jene Betrachtungen über »Libration«, die Bestimmung der den Planeten ertheilten Impulse; der »de causis inaequalitatis in longum« handelnden Deduction ist ein großer Raum gewidmet, und es wird auf zweifache Weise darzuthun versucht, dass für diese Unregelmäßigkeit das bekannte Gesetz von der Gleichheit der statischen Momente an der Wage maßgebend sei.[2]) Der erste Beweis stützt sich auf Fig. 16.[3]) »Sit statera AC, pondera D, B ex punctis C, A dependentia, jugum EF, anguli FEC, FEA recti, erit sicut CE ad EA, sic pondus B pondus ipsius EA ad D pondus ipsius EC; mente remove EA, et potentia ponderis B per EA formata sit potentia ipsius jugi E, haec igitur potentia jugi E tenebit pondus D ex C suspensum in aequilibris horizontis, scilicet ut FEC sit rectus. At si idem pondus, a C revulsum, ingrediatur usque in G, potentia eadem ipsius E plus poterit in hoc pondus attoletque illud super lineam EC. Sit jam E non jugum sed Sol, et D sit planeta, EC, EG diversae distantiae a Sole. Testantur igitur observationes, sicut EC est ad EG, sic esse GK promotionem planetae proprioris in G ad GI vel CH promotionem ejus remotioris in C.« Das »Gewicht« sei identisch mit der Widerstandsfähigkeit der Planeten.

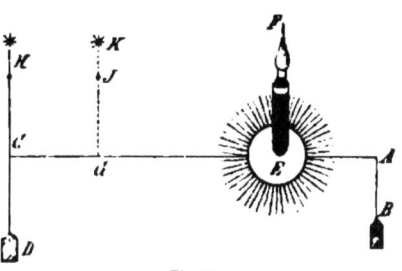

Fig. 16.

---

[1]) Ibid. S. 361 ff.

[2]) Kepler's Aperçu führt ihn in der richtigen Beurtheilung der Schwerkraft so weit, dass er die Wege abschätzt, um welche sich Mond und Erde gegenseitig auf einander hin bewegen würden, wenn sie plötzlich dem auf ihre Vereinigung hinarbeitenden Zuge ungehindert nachgeben dürften.

[3]) Das Kräfteparallelogramm ist erst durch Varignon zu dem erhoben worden, was es gegenwärtig ist, zur Grundlage der Statik. Er leitet zuerst aus dem Satze von der Zusammensetzung der Kräfte zu einer Resultante das Hebelprincip ab, während umgekehrt zu Kepler's Zeit, wie das obige Beispiel darthut, Betrachtungen, die man später sehr einfach durch das Parallelogramm der Kräfte zu erledigen gelernt hat, in sehr umständlicher Weise auf den Hebel zurückgeführt werden mussten, der in unserem Falle unter dem Bilde einer einarmigen (Schnell-Wage) erscheint. Vgl. Dühring, Kritische Geschichte der allgemeinen Principien der Mechanik, Berlin, 1873, S. 141 ff.; Kaestner, Anfangsgründe der angewandten Mathematik, Göttingen, 1780, S. 7 ff.

Der Gegner freilich behauptet:[1] »Incredibile vero est, corpora coelestia esse quosdam ingentes magnetes.« Allein dieser Einwand sei in Gilbert's Buch ein- für allemal zurückgewiesen. Darauf verlegt der Angreifer den Punkt des Angriffes. »Esto, ut planeta habeat internam figurationem magneticam, rectilineam; quid igitur est, quod illum facit aliam corporis sui plagam post aliam convertere Soli? num ipse fibras suas convertat?« Keineswegs. Bei der Rotation und Revolution behält an und für sich die magnetische Achse immer dieselbe Stellung im Raume bei, ebenso wie eine Boussole um ein Haus herumgetragen werden kann, ohne dass die Nadel aufhört, sich selbst parallel zu bleiben und einmal »caput«,

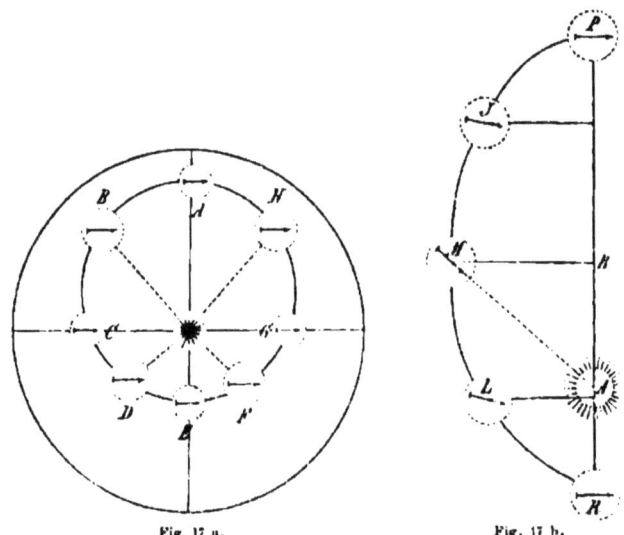

Fig. 17 a.   Fig. 17 b.

das anderemal »caudam lingulae« jenem Hause zuzuwenden. Dieser Parallelismus der Magnetachse laufe weit eher als auf eine eigentliche δύναμις auf eine ἀδυναμία hinaus. Allein — und diese Modification der Kepler'schen Hypothese ist von vielen Autoren, u. a. auch von A. v. Humboldt,[2] übersehen worden — eine gewisse Ablenkung (»inclinatio«) muss sich die Achse von ihrer Normalstellung doch gefallen lassen, in welchem Sinne, das verdeutlichen uns Fig. 17 a und b. In ersterer ist die »Inclination« thatsächlich überall gleich Null, die zweite aber lehrt uns die Sache richtig überblicken.[3] P ist das Aphelium, R das Perihelium, A die Sonne, PR die Apsidenlinie, B das Centrum

[1] K. O. O., Vol. VI, S. 375.
[2] Humboldt, Kosmos, 3. Band, S. 31.
[3] K. O. O., Vol. VI, S. 379. »Posses«, so fragt der supponierte Kritiker den Verfasser, »hujus fibrarum directionis et permixtae inclinationis exemplum dare familiare?« Worauf die Antwort erfolgt: »Exemplum est in lingula magnetica, quae, quamvis spectet septentrionem, si sit libera, tamen ab eo deflectit nonnihil, si ex obliquo accedat magnes; tunc enim nonnihil ad magnetem annuit.«

der Bahnellipse; in P, J, M, L, R ist die Planetenkugel abgebildet, deren magnetische Achse jeweils durch einen Pfeil dargestellt erscheint. In P und R steht der Pfeil normal auf der großen Achse der Ellipse, die Inclination ist nicht vorhanden; in den Octanten-Punkten I und L ist eine solche zu bemerken, doch ist sie nur geringfügig; in M, dem Endpunkte der kleinen Achse der Bahn, erreicht die Inclination ihr Maximum, und zwar geht der verlängerte Pfeil durch den Brennpunkt A selbst hindurch. Damit dies sich so verhalten könne, ist allerdings eine gewisse Bewegungsfähigkeit der Atome im Planeten erforderlich.[1] »Cujusne formationem innuis corporum planetariorum? Ea potest esse vel essentialis, nimirum internae fibrae magneticae rectilineae, vel accidentalis, scilicet convolutio globi planetarii circa suum axem, sic comparata, ut fibrae vel axis gyrationis toto circuitu corporis retineat situm parallelum sicque dirigatur, ut, cum planeta est in ecliptica, tangat orbitam et deflectat altero termino nonnihil in plagam boream, altero in austrum.« Alle Abweichungen einer Planetenbahn rühren von den »fibrae magneticae« des Sternes her; hätte er solche nicht, so wäre die Trajectorie ein mit absolut gleichförmiger Geschwindigkeit zu beschreibender Kreis.[2]

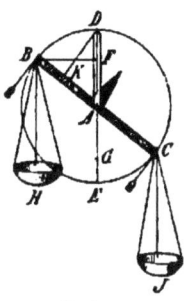

Fig. 18.

Naturgemäß bedarf auch die uns so wohl bekannte »Libration« noch einer tieferen Begründung;[3] zu dieser soll, wie oben von der Schnellwage Gebrauch gemacht ward, jetzt die zweiarmige (Krämer-) Wage dienen (s. Fig. 18). »Eodem modo si EA sit radius Solis, BC fibra magnetica corporis planetarii, H vel B vigor expulsionis minor, I vel C vigor attractionis major, quippe C Soli propius accipiatur quam B, tunc si BA refert attractionem valentissimam, angulo BAD nullo, AF repraesentabit tractionem, angulo BAF vel GAC existente.« Die Reststrecke DF ist gleich AB (1 — cos ∠ BAF), also proportional dem Sinusversus des Anschlagswinkels, wie es nach den früheren Auseinandersetzungen zu erwarten war.

Wir beschließen mit dieser Aufzählung und Würdigung der Hauptpunkte unseren dritten Abschnitt,[4] und es bleibt uns demgemäß nur noch übrig, auch aus ihm unser Facit zu ziehen. Gewiss muthet uns ja manches Einzelglied in Kepler's Schlussweise auf das sonderbarste an, allein dem ganzen Systeme in seiner Geschlossenheit dürfen wir doch unsere Achtung nicht versagen, und vor allem haben wir daran uns zu

---

[1] K. O. O., Vol. VI. S. 389.
[2] Ibid. S. 401.
[3] Ibid. S. 405.
[4] Die specifische Magnettheorie Kepler's hat auf die zeitgenössische Welt- und Erdkunde einen nennenswerthen Einfluss nicht ausgeübt; leicht verständlich kann sie nicht genannt werden, und sechzig Jahre nach ihrer Entstehung verfiel sie infolge von Newton's großer Entdeckung der Vergessenheit — so zwar, dass auch dem darauf verwendeten Scharfsinne nur ganz ausnahmsweise die wohlverdiente Anerkennung zu theil geworden ist. Wir vermögen nur ein Gutachten aus der Zeit selbst anzuführen. Frisch hat (K. O. O., Vol. VI. S. 651 ff.) Briefe von Horrox an Crabtree — vgl. Maedler, Geschichte der Himmelskunde, 1. Band, Braunschweig 1873. S. 275 — abdrucken lassen, worin ersterer Kepler's Gesetzen und Tafeln unumwunden Lob spendet, dagegen hinsichtlich des planetarischen Magnetismus Zweifel äußert. Horrox wurde nur 22 Jahre alt, sonst würde er wohl seinen Plan ausgeführt und eine Verbesserung der Kepler'schen Lehren geliefert haben.

erinnern, dass bei Kepler Phantasie und exacte Forschung in so untrennbarer Vereinigung uns begegnen, wie uns dafür die Geschichte der Naturwissenschaften nicht leicht ein zweites Beispiel darbietet.¹) Und wie häufig geschieht es doch auch, dass ein leuchtender Geistesblitz das Dunkel durchzuckt, eine Ahnung ausgesprochen wird, welche die Folgezeit in Gewissheit umzuwandeln bestimmt war. Die Hypothese, dass die Achsendrehung des Sonnenkörpers den magnetischen Zustand der Erde beeinflusse, ist von Hornstein²) wieder aufgenommen worden, die von Kepler adoptierte und verfeinerte Ansicht, dass die Vertheilung von Wasser und Land auf der Erdoberfläche zugleich die Vertheilung des terrestrischen Magnetismus bestimme, gewinnt neuerdings wieder entschiedene Anhänger.³) Unter solchen Umständen hoffen wir auf Billigung für unseren Schlusssatz rechnen zu dürfen.

Nach langem Schwanken, ob nicht doch gewisse mehr begriffliche Unterschiede vorhanden sein möchten, ist bei Kepler in seinen späteren Jahren die Überzeugung von der vollständigen Wesensgleichheit zwischen der allgemeinen Schwere und dem tellurisch-planetarischen Magnetismus die herrschende geworden. Sowohl den freien Fall der Körper, als auch das Phänomen der Gezeiten sehen wir auf eine magnetische Anziehungskraft zurückgeführt. Allein der Einfluss der unrichtigen Identificierung der an sich heterogenen Kräfte war insofern kein unchtheiliger, als Kepler das Wesen der Massenanziehung in vielen Hauptpunkten richtig erfasste; nur dachte er sich das Gravitationsgesetz nicht in der richtigen Form $f \frac{Mm}{r^2}$, wenn die Schwerpunkte der sphärischen Massen M und m den Abstand r besitzen, sondern unter der falschen Form $f \frac{Mm}{r}$, weil er irrig als den Sitz der Anziehung nicht die ganze Kugel, sondern nur deren Äquator betrachtete. Das »Kepler-

---

¹) Wir machen bei dieser Gelegenheit auf die feinsinnige Charakteristik aufmerksam, welche W. Foerster (Johann Kepler und die Harmonie der Sphären, Berlin 1862) gegeben hat. Gegen Whewell, der behauptet hatte, das Unkraut der phantastischen Weltconstruction wachse wild inmitten des von Kepler's Geist bestellten Gartens, stellt Foerster fest, dass ohne den tief speculativen Zug im Wesen dieses Mannes, dessen Seelen- und Geistesleben untrennbar ist, auch seine großartigen Leistungen nicht hervorgebracht worden wären.

²) Hornstein, Über die Abhängigkeit des Erdmagnetismus von der Rotation der Sonne, Zeitschr. f. Math. u. Phys., 16. Band, S. 488. Die Schwankungen eines jeden der drei erdmagnetischen Elemente (Declination, Inclination, Intensität) sollen auf eine Periode von 26¹/₂ Tagen hindeuten, und der hieraus abgeleitete Werth für die wirkliche — d. h. von der Stellung zu der gleichfalls bewegten Erde unabhängige — Achsendrehung der Sonne stimmt mit der aus Spoerers Beobachtungen folgenden (24¹/₂ Tage) sehr gut überein. Vgl. übrigens auch Holdingshausen, Die Sonne als Ursache der Schwankungen des Erdmagnetismus und des Polarlichtes. Ann. d. Hydrogr. u. mar. Met., 1886. S. 137 ff. Abgeschlossen ist diese Frage freilich noch nicht. Neuere interessante Studien über die 26tägige Periode veröffentlichten Liznar und Ad. Schmidt in den Sitzungsberichten der Wiener Akademie (94. Band S. 834 ff.; 96. Band. S. 989 ff.).

³) Hierüber ist folgende Literatur zu befragen: Meuzzer, Über den Zusammenhang der Configuration des festen Landes und der Lage der magnetischen Pole der Erde, Ann. d. Phys. u. Chem., 5. Ergänzungsband. S. 502 ff.; Eschenhagen, Einige Resultate der erdmagnetischen Stationen im Systeme der internationalen Polarforschung, Verhandl. d. VII. d. Geographentages, Berlin 1887, S. 141 ff.; Andries, Über Erdmagnetismus. Ann. d. Hydrogr. u. mar. Met., 1887, S. 467 ff. Zumal diese letzte Abhandlung ist reich an Thatsachen und Ideencombinationen.

sche Potential« würde also völlig mit jenem übereinstimmen, welches wir als »logarithmisches Potential« zu bezeichnen gewohnt sind; immerhin hatte Kepler die Haupteigenschaft einer Gleichgewichtsfläche richtig herausgefühlt. Die mit äußerster Mühe ausgebildete Theorie der magnetischen Libration und Inclination wurde freilich bald hinfällig, leistete aber für die Entdeckung des ersten und zweiten Keplerschen Gesetzes nicht unerhebliche Dienste. Und endlich kann die Kepler-Gilbert'sche Annahme eines magnetischen Sonnenpotentiales mit Grund als eine Vorläuferin der neueren Theorien eines Matteucci, Zoellner, Werner Siemens angesehen werden.

Tellurischer und kosmischer Magnetismus sind in Kepler's Sinne unlöslich verbundene Kraftäußerungen, wie er denn auch seinem Marswerke nach Frisch die handschriftliche Randglosse beigefügt hat:[1]

»Coeca mari signas nautis vestigia, magnes:
Quid mirum, errones nutibus ire tuis« (erro = Planet).

Und aus diesem Grunde musste auch diese nunmehr beendete Abhandlung beiden gerecht zu werden suchen, wenn es ihr gelingen sollte, dem berühmten Astronomen seinen Platz auch in der Reihe der Vertreter der Erdphysik anzuweisen.

[1] K. O. O., Vol. III. S. 501.